KB090951

# 비혼 1세대의 탄생

# 비혼 1세대의 탄생

결혼에 편입되지 않은 여성들의 기쁨과 슬픔

홍재희 지음

행성B

# 마흔 이후 비혼으로 산다는 것

## 1

어쩌다 보니 벌써 사십을 넘어 오십을 바라보는 나이가 되었다. 불과 10여 년 전만 해도 내 또래 여성은 이름 석 자 대신 언제 어디서나 그저 아줌마라거나 누군가의 아내, 부인 또는 애 엄마로만 불리었을 것이다. 하지만 나는 유부녀도, 어머니도 아니다. 소위 결혼한 이성애자 남녀 부부와 자식으로 구성된 혈연 가족을 구성하지 않은 채 중년을 맞은 독신 여성이다. 이십대에서 삼십대 사이에 여러 차례 사랑하는 사람과 함께 살았지만 끝내 가족을 꾸리고 싶지 않아서 거듭 헤어졌다. 그리고 마흔이 되던 해 드디어 홀로 섰다. 다시 혼자가 된 것이 아니라 스스로 홀로. 솔직히 내가 선택한 삶이라 불만도 후회도 없었다. 자존하는 삶은 무엇보다 내가 나일 수 있는 자유를 주었기 때문이다.

그러나 중년이 되면서 한편으로 또 다른 고민과 걱정거리가 시작되었다. 이삼십 대에 충만했던 젊음과 패기가 더는 내 것이 아니라는 것을, 동시에 예전과 같은 방식으로는 앞으로 삶을 돌파할 수 없다는 사실을 절실히 깨달았기 때문이다. 결정적으로 한국 사회에서 여성이며 비혼인 내가 지금처럼 불안정 고용 상태로 늙어서까지 자립할 수 있을까라는 문제가 코앞의 현실로 다가왔다. 어찌되었든지 생계의 압박이 주는 스트레스가 만만치 않다는 것이다. 점점 더 나이를 먹고 늙어 가고 있다는 사실을 실감할수록 더욱 그렇다.

백여 년 전 영국의 소설가 버지니아 울프는 《자기만의 방》에서 여성이 주체로 서기 위해서, 자유를 쟁취하기 위해서는 '자기만의 방'과 그 방을 얻고 유지할 '돈', 즉 자아의 독립과 경제적 자립이 필요하다고 통렬하게 역설했다. 그런데 버지니아 울프의 시대에서 한 세기나 지난 21세기에도 여성은 자유로워지지 못했다. 한국 사회에서 여성의 사회, 경제적 지위는 남성에 비해 턱없이 열악하고 더없이 불안정하다. 지금도 여성들은 '자기만의 방'과 '돈'을 얻기 위해 끊임없이 싸워야 한다. 성차별적인 현실은 그때나 지금이나 하나도 바뀌지 않았다. 그렇다고 해서 한없이 절망적인 것만은 아니다. 과거와 비교해 나아진 점은 분명히 있다. 예전과 달리 요즘에는 가부장제 결혼 제도에 편입되어 살고 싶지 않다는 여성들을 어렵지 않게 만날 수 있다. 페미니스트이거나 아니거나 현재의 결혼 제도에 의문을 품고 서로의 생각을 공유하는 여성이 많이 늘어났다.

그러나 결혼 외의 다른 삶을 꿈꾸면서도 혼자서 살아가는 것에 막연히 두려워하는 여성도 많다. 엄마처럼 살고 싶지 않지만 엄마의 선택과 다른 삶이 무엇인지 생각할수록 막막하고, 나이 들수록 어떻게 살아야 하는지도 몰라 불안해한다. 한국에서 결혼하지 않고서 과연 언제까지 싱글인 채로 살 수 있을까. 여성으로서 늙어서도 계속 일을 할 수 있을까. 그때까지 생계를 유지할 일자리가 있을까라는 불안감이 가시지 않는 것이다. 먹고사는 것이야말로 가장 현실적인 생존의 문제이기 때문이다.

주위를 둘러보면 다들 파김치다. 극단적인 무한 경쟁 속에서 여성은 더욱 헉헉댄다. 남녀 성별 임금 격차는 좁혀질 기미가 보이지 않고 '여성'이기 때문에 경력은 단절되고 돌아오는 건 질 낮은 일자리밖에 없다. 나이 들수록 삶은 나아지지 않는데 미래는 더욱 불안해진다. 이상하다. 열심히 살았는데 난 왜 여전히 가난한 걸까. 불안하다. 언제까지 이렇게 살 수 있을까. 고비용 소비 사회인 대한민국에서 비정규직 저임금 여성 노동자인 나는 앞으로 어떻게 살아야 할까. 결혼이 더는 삶의 대안이 될 수 없는 시대에 비혼 여성인 나의 중년 그리고 노년의 삶은 어떤 모습일까. 요동치는 불안의 시대에 나는 과연 어떤 미래를 꿈꿀 수 있을까?

## 2

이제는 결혼 여부, 가족 유무와 상관없이 좋든 싫든 간에 여성들은 홀로 서기를 해야 한다. 하나의 모델, 하나의 역할이 정해져 있어서 부모가 학교가 사회가 시키는 대로 따라 살면 되던 시절은 갔다. 이제 우리는 매순간 흔들리며 스스로 선택하고 결정하는 삶을 살아야 한다. 게다가 기존의 방식 즉, 과거 세대의 가치관으로는 우리 앞에 산적한 문제의 원인을 파악할 수도 해결할 수도 없다. 자기 결정권이 중요해진 지금 주체적인 삶을 영위하기 위해서라도 가부장제 사회의 결혼 제도에 편입되는 것이 아닌 다른 삶을 꿈꾸는 여성이라면, 자립해 생계를 꾸려 가는 삶에 대해 불안과 두려움을 느끼는 여성이라면, 더더욱 소비 자본주의 사회에서 노동자로 살아야 하는 우리는 이제 자신의 삶부터 다시 질문해야 한다. 모두가 미친 듯이 속도 경쟁을 하면서 다들 파김치가 되고 있는 지금이야말로 가던 길을 멈춰 서서 스스로에게 질문해야 할 시간인 것이다.

만일 여성에게 결혼이 더는 일생의 목표가 되지 않는다면 우리는 무엇을 삶의 기준이나 가치로 여겨야 할까. 나는 왜 이 일을 하고 있을까. 단지 돈을 벌기 위해서인가. 지금 하고 있는 일과 지금 다니는 직장은 내게 어떤 삶의 의미가 있는가. 열심히 일했는데도 우리는 왜 점점 더 가난해질까. 또는 돈을 많이 벌기만 하면, 뭐든 잘 사면(buying), 과연 삶의 질(well-being)이 높아질까. 그것이 정말 잘 사는(living) 삶일까. 우리를 두렵게 하는 이 막연한 불안의 정체는 무엇인가. 나는 결혼이 아닌 다른 삶과 가족의 형태를 어디까지 어떻게 상상하고 있는가. 결국 이 모든 질문은 하나로 수렴된다. 비혼, 여성, 노동자로서 나는 앞으로 어떻게 살아야 하는가. 어떻게 사는 것이 과연

'잘' 사는 삶인가. 막다른 벽에 다다를 때마다, 좌절할 때마다, 불안에 사로잡힐 때마다 나는 줄곧 이 질문에 매달렸다. 그리고 지금 여기가 아닌 다른 삶, 다른 세계를 상상했다. 상상하는 데는 돈이 전혀 들지 않는다. 다르게 생각하는 것이야말로, 가진 것이라고는 몸뚱이 하나 뿐인 노동자인 내가 가진 유일무이한 것이다. 얼마나 다행인가.

## 3

나는 현상을 체계적으로 분석하거나 문제를 해결할 대안을 제시해 줄 수 있는 전문가도, 상처를 보듬고 치유해 주는 상담가도 아니다. 그저 기존의 규율과 질서에 저항하는 아웃사이더 또는 다른 세상을 꿈꾸는 몽상가에 가깝다. 그뿐만 아니라 이 책에서 털어놓은 내가 사는 모습과 나의 이야기가 지금 한국에서 사는 여성 일반을 대표한다고도 생각하지 않는다. 모든 사람이 똑같을 수는 없다. 이 책은 독자들에게 방법론을 제시하는 자기계발서도, 성공 노하우를 알려 주는 지침서도 아니다. 그저 내가 지금까지 좌충우돌 살아오면서 느끼고 생각한 것들을 써 내려간 한 개인의 고백에 더 가깝다. 그럼에도 나는 왜 이 책을 쓰겠다고 마음먹었을까.

인간이라면 누구나 이야기하고 싶고 이야기를 듣고 싶은 본능이 있다. 나는 인간이 생각하는 인간인 '호모 사피엔스'보다 이야기하는 인간이라는 뜻의 '호모나랜스(Homo Narrans)'라고 생각한다. 우리는 내

이야기 그리고 다른 사람의 이야기를 통해 자신을 본다. 말하는 것, 이야기를 하는 것, 그 이야기를 듣는 것 그리하여 나누는 것이야말로 가장 인간다운 행위라고 생각한다. 나라는 존재를 벗어나는 것이 불가능하기 때문에 사람은 항상 특정한 누군가인 '나'를 통해 세계를 보고 경험하면서 인생을 살아간다. 내가 보고 들은 이야기를 여기 이 자리에서 나누고 또한 타인의 이야기를 들음으로써 나의 인생을 엿볼 수 있는 것이다. 우리는 이야기를 나누면서 서로의 인생과 기억과 시간, 감정, 경험을 나눌 수 있다.

아울러 '읽는다'는 행위는 내가 살아 보지 못한 또 다른 인생을 공유하는 것이다. 나는 독신 여성의 삶, 비혼 여성의 삶, 노동하는 여성의 삶에 대해 이야기하고 싶었다. 청년을 지나 중년을 관통해 가는 비혼 여성들이 어떻게 일하고 사랑하며 살아가고 있는지를, 결혼이라는 제도 바깥에서 살아가는 다양한 여성의 목소리를 들려주고 싶었다. 그럼으로써 나와 같은 처지에서 하루하루를 살아가며 고민하는 사람들을 만나고 싶었다. 그들에게 나 역시 당신과 같은 생각을 하고 있다는 것을 말해 주고 싶었다. 서로 만나지 못하고 알지 못할 뿐 이 사회에는 나와 고민과 생각이 같은 사람이 어디에나 있다는 사실을 확인하고 싶었다. 자발적이든 비자발적이든 현재 결혼 없는 삶을 사는 사람들, 가부장제의 질서와 관습이라는 벽을 넘어 자유롭게 자신의 삶을 주체적으로 개척하고픈 사람들과 이야기를 나누고 싶다는 욕망이 나를 여기까지 이끌었다.

불안이 요동치는 바다에서 이리저리 흔들리는 삶이지만 내 고민을 누군가와 공유할 수 있다면 아마도 그 길 어디인가에 희망이 기다리고 있을 것이다. 독자들이 이 책을 펼쳐드는 순간이 어쩌면 그 시작점이 될지도 모르겠다. 혼자 생각하면 '고민'에 불과하지만 같이 나누면 '소통'이 된다. 그렇다. 나는 혼자가 아님을, 당신도 혼자가 아님을, 우리는 혼자가 아님을 이야기하기 위해서 이 책을 썼다. 공감하고 연대하는 길만이 불안을 넘어설 수 있다. 비혼 여성 노동자로서 중년을 살아가고 다가올 노년을 준비하는 나의 이야기가 독자들의 마음속에 작은 불씨가 될 수 있다면 좋겠다. 이제 내가 오랜 시간 질문하고 답을 찾기 위해 걷고 있는 그 길에 독자 여러분을 초대한다.

# 비혼 1세대의 탄생

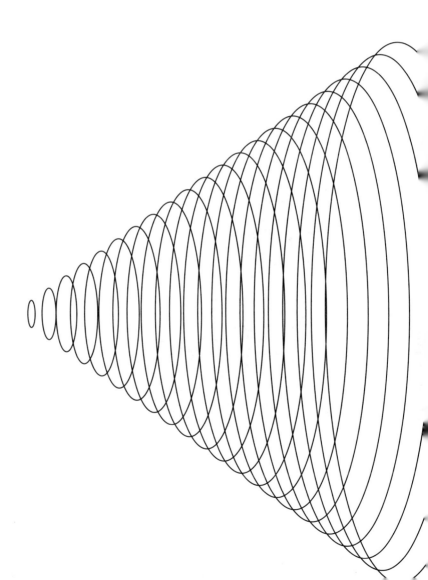

# 혼자 살겠다고요

일전에 겪은 일이다. 무심결에 전화를 받았는데 하필 보험 안내였다. 미처 끊을 새도 없이 다짜고짜 말을 쏟아붓는 상담원. 잠자코 듣기만 했다. 그러자 여자는 보험에 가입하면 각종 혜택을 준다며 점점 더 상품 설명에 열을 올렸다.

"이마트나 백화점 이용 시에…."

"전 다이소 갑니다."

"아~ 네~ 그럼 대신 주유권을…."

"차 없는데요."

"TV 보시면…."

"TV 없어요."

수화기 너머에서 상담원이 진땀 빼는 표정이 떠올랐다. 꿀꺽 마른침 삼키는 소리가 들린다. 잠시 후 다시 말이 이어졌다.

"아하! 듣고 보니 어떤 취향이신지 알 거 같아요. 웰빙에 신경 쓰시고 생협 매장 같은 데 이용하시는 주부님이…."

"시장 갑니다. 그리고 저 주부 아닌데요."

"아~ 네. 어머니께서는…."

"저 어머니 아닌데요."

"아~ 네. 그럼 사모님께서는…."

"저 사모님 아닌데요."

"네에? 그, 그럼 제가 뭐라 불러야…."

"아무개 씨 이렇게. 그냥 이름 불러 주시면 안 됩니까?"

그 순간 상담원의 머릿속에는 어떤 그림이 그려지고 있을까. 상상이 갔다. 고객 응대 매뉴얼이 씨알도 안 먹히는 상대를 만나 멘탈이 탈탈 털리고 있을 그녀가 눈앞에 훤했다. 피식 웃음이 나왔다. 보험사의 고정관념에 한국의 40대 여성은 주로 아파트에 살며 차를 소유하고 백화점이나 대형 마트를 이용하는, 자녀를 둔 '기혼' 여성일 것이다. 하지만 나는? 어디에도 전혀 해당 사항이 없다. 사십대 후반을 달리는 나이지만 남편이 없으니 사모님도 아니고 애를 낳은 적이 없으니 어머니도 아니다. 차는커녕 월세 내며 살고 있고, 혼자 벌어 먹고사는 1인 가구 비혼 여성 노동자다. 나 같은 사람은 한국인의 평균 사십대 또는 표준에 해당하지 않는다. 나는 예외이거나 열외다. 슬프게도 지금도 아직도 여전히.

## 사십대면 당연히 사모님?

이십대 중반까지는 아무도 내게 "결혼했어요?"라고 묻지 않았다. 너나 할 것 없이 다들 결혼보다는 진로를 걱정하기 바빴다. 취직하고 돈 벌고 일하는 데 더 집중할 나이라고 말하는 사람들도 있었다. 간혹 학교를 졸업하자마자 곧장 결혼한다는 친구가 있으면 왜 벌써 결혼을 하는지 의아해하거나 너무 일찍 하는 건 아니냐며 안타까워했다.

그랬는데 서른이 되자마자 주변에서 갑자기 말이 바뀌었다. 왜 아직도 미혼이냐는 듯이 여기저기서 "미혼이세요?"라면서 묻기 시작한 것이다. 동거하는 애인이 있다고 하니까 왜 결혼 안 하느냐는 질문이 득달같이 날아왔다. 할 생각이 없다고 하자 날 이상하다는 듯이 쳐다봤다. 그러다 삼십대 중반이 되자 대뜸 "결혼하셨어요?"가 먼저 튀어나왔다. 안 했다고 대답하면 이번에도 똑같이 왜라는 질문이 돌아왔다. 마흔이 넘었다. 이 사회에서 말하는 여자의 '결혼 적령기'도 물 건너갔으니 이제 결혼 어쩌구 하는 소리를 더는 안 듣겠지 싶었다. 그런데 웬걸. 이제는 으레 "결혼하셨죠?"란다. 한술 더 떠 "애가 몇 살이에요? 몇 학년이에요?" 내가 낳지도 않은 애가 벌써 학교를 다니고 있다. 마지못해 "애 없는데요" 하면 "어머! 단 둘이 사시나 봐요? 요즘 그런 부부도 많죠" 이런다.

한마디로 '답정녀'. 내가 누구든 어떻게 살든지 간에 답은 이미 정해져 있다. 여자 나이 사십이면 결혼은 당연지사, 아이는 필수라고 간주하는 것이다. 도대체 무슨 근거로? 결혼을 안 했다고 하면 꼬치꼬치 캐묻고 이런저런 참견을 하고, 했다고 하면 서슴없이 아는 체를 하는 사람들. 툭하면 이런 무례한 잔소리를 듣는 일에 넌더리가 났다. 지긋지긋했다. 그래서 이후로는 결혼했느냐는 질문을 받자마자 "이혼했습니다"고 대꾸해 버렸다. 그러면 다들 당황해서 입을 다문다. 요즘은 상대가 "결혼하…"만 해도 "비혼입니다"며 잘라 말한다. 그런데 알아듣지 못한 사람은 "네? 미혼이시라구요?"라며 되묻는다. 인내심이 바닥나려 하지만 한 박자 참고 "비, 혼"이라고 또박또박 발음해 준다. 그래도 못 알아듣고 "네? 비혼요? 그게 뭐예요?"라고 되묻는 사람이 꼭 있다. 아니면 알 듯 말 듯 애매한 미소를 흘리며 "아아~ 비혼이시라구요. 네에……"라며 말꼬리를 내리는 사람, "페미니스트신가 봐요"라며 비꼬듯 추켜세우는 사람도 있다.

## '미혼'이 아니라 '비혼'이래도요!

돌이켜 보면 10여 년 전에야 '비혼'이라는 말이 생겼다. 그 전에는 독신이라고 하면 그저 '미혼'이라는 걸 뜻했다. 아직 결혼하지 않았을 뿐, 조만간 언젠가 반드시 결혼을 할 사람이라는 의미에서 미혼. 한국 사회에서는 결혼하지 않은 이삼십 대 성인 남녀는 당연히 '미혼'이고, 사십이 넘었다면 당연히 모두 '기혼'으로 간주된다. 누구에게나 예외가 없다. 결혼 적령기가 점차 삼십대까지로 확장되었을 뿐 대한민국에서 결혼은 디폴트, 기본값이다. 사람들 인식이 많이 달라졌다고는 하지만 이 사회에서 결혼은 여전히 남녀불문 인생에서 꼭 거쳐 가야 하는 관문이자 생애 주기 과업이다. 성인이 되면 직업을 구하고 배우자를 골라서 결혼하고 자식을 낳아 부모가 되어야 한다. 만약 이 프레임에서 벗어나면 그는 뭔가 결핍되었거나 정상이 아닌 사람이라는 소리를 듣기 십상이다. 만약 마흔이 넘어서도 결혼하지 않았다면 그는 스스로 선택한 독신이라기보다 어쩌다가 혼기를 놓친 불쌍한 노총각, 노처녀일 뿐이다.

한국 사회에서 비혼은 불효다. 결혼하지 않았다는 사실 하나만으로 순식간에 불효자식으로 전락한다. 이 같은 사회 풍토에서 결혼하지 않은 남녀는 '왜'라는 질문과 '어쩌려고'라는 걱정의 대상이 되다 '이기적이다'는 비난까지 받는다. 내가 가족을 비롯한 주변 사람들에게서 들은 소리 또한 한결같았다. 언제 결혼하냐, 왜 안 하냐, 결혼 안 하면 어쩌려고 그러냐, 부모 속 좀 그만 썩히고 결혼해라, 언제까지 네가 이팔청춘인 줄 아냐, 더 늙으면 애 못 낳는다, 나중에 두고두고 후회한다 등등. 그러면서 꼭 '이게 다 너를 위해서 너 걱정해서 하는 소리야'라는 말을 덧붙였다. 그러거나 말거나 결혼할 생각이 없다고 하면 순식간에 이기적인 건 기본이요 심지어 나잇값 못한다, 철 좀 들라는 소리까지 들어야 했다.

사람들은 머리 깎고 출가를 하지 않는 한, 세상에 결혼을 '안' 하고 싶은 사람이 있다는 것을 인정하려 들지 않는다. 결혼 대신 다른 형태의 삶을 좋아하는 사람이 있다는 상상조차 '못'한다. 질기고도 질긴 결혼과 정상가족에 대한 고정관념. 그것은 길바닥에 들러붙은 껌처럼 웬만해서는 벗겨 내기가 어렵다. 현실은 급변하는데 사람들 의식은 제자리걸음이다. 변한들 아주 더디다. 그렇다 보니 나이와 결혼 여부로 사람을 재단하는 한국 사회에서 나 같은 사람이 살기란 이래저래 피곤한 일이 아닐 수 없다.

## "제가 예민한 게 아니라 당신이 둔감한 겁니다"

결혼식이나 장례식처럼 친지들이 한데 모이는 자리에 가면 나 같은 비혼은 귀에 딱지가 앉도록 자주 듣게 되는 소리가 있다. 마흔 넘어 흰머리가 듬성듬성 날 즈음 결혼해 어린 딸까지 둔 사촌오빠가 날 보더니 툭 던진다.

"어이, 노처녀, 결혼 안 해? 아예 포기했냐?"

사십대 후반에도 이런 헛소리를 듣게 될 줄이야. 아아, 한숨이 절로 나왔다. 다들 지치지도 않나, 그냥 넘어가는 법이 없다. 어릴 적엔 벌컥 짜증을 냈지만, 마흔이 넘으니 나도 능구렁이가 다 됐다.

"결혼 안 했다고 날 처녀라 생각하다니! 그런 오빠는 결혼 전에 쫏쫏 숫총각이었나 봐?"

비죽비죽 웃어 주었다. 한술 더 떠 지구 생태계를 위한다면 환경 파괴의 주범인 호모 사피엔스라는 종을 줄여야 한다고 대꾸해 줬다. 사촌언니의 똑같은 질문에는 평생 한 사람과만 섹스를 하겠다고 약속하는 일부일처제는 인간 본성에 위배된다고 답해 줬다. "결혼해서 애 낳고 싶지 않아?"라고 묻는 사촌동생에게는 내게는 이 세상에 내 DNA를 남기겠다는 번식 욕구가 없다고 말해 주었다. 결혼해서 효도하라는 불교 신자인 이모에게는 이번 생에 그 같은 업을 쌓고 싶지 않다고 고백했다. 혼자 살지 말고 결혼하라는 삼촌에게는 이미 여러 번 같이 살아 봤는데 나랑 안 맞아서 그만하겠노라 답해 줬다. 좋은 남자 찾으라는 숙모의 말에는 도대체 그 '좋은' 남자의 기준이 뭐냐고 되물었다. 꼭 남자여야 해요? 남성 말고 다른 성을 찾겠노라 덧붙였다. 그랬더니 다들 아연실색해서 입을 닫거나 못 들은 척하면서 슬며시 딴 이야기로 넘어갔다. 그럼 그렇지.

이삼십 대에 꽤 오랜 기간 동거를 했다. 사실상 관계 맺기란 고민하고 갈등하고 수용하고 타협해 나가는 과정의 연속이다. 누군가와 삶을 공유할 때 일상에서 직면하는 문제는 동거이거나 결혼이거나 전혀 차이가 없다. 그런데도 단지 '결혼하지 않았다'는 이유만으로, 서른이 넘고 마흔이 넘어도 철이 안든 애 취급을 받는 데 신물이 났다. 족두리 쓰고 상투를 틀기만 하면 자동으로 어른 대접을 받던 시절은 갔다. 이제 개인의 성숙도는 결혼 여부로 결정되지 않는다. 결혼하고 자식을 낳았어도 철딱서니 없고 이기적인 사람을 더 많이 봤다. 내가 만난 기혼자 중에는 정신적으로 미성숙하고 독립적이지 못한 사람도 많았다. 결혼을 했다고 그 즉시 자신이 어른이 된 듯 대단히 괜찮은 인간이 된 줄 착각하는 사람들이 있다. 이들은 결혼이 무슨 대단한 특권이나 기득권인 양 행동한다. 결혼만 하면 남의 인생에 감 놔라 배 놔라 참견할 프리패스가 생긴 듯 군다. 게다가 결혼하지 않은 사람보다 결혼한 자신이 더 나은 위치에 있다는 걸 인정받고 싶어 안달이 나 있다. 그러나 결혼이 사람의 우열을 가르고 정상성을 판별하는 기준이 된다고 여기는 것은 얼마나 편협한가.

한국인들 머릿속에 박혀 있는 나이 든 사람이 살아가는 모습은 딱 한 가지다. 결혼해서 자식 낳아 키우는 것. 그 이상 그 이하도 없다. 그러니 만나서 할 이야기라고는 가족 이야기밖에 없다. 모르는 이들끼리 처음 만나도 화제로 삼는 소재는 언제나 나이 그리고 결혼과 가족이다. 사십대 이후로는 이 증상이 점점 더 심해진다. 상대가 누구든지 간에 의당 결혼했으리라 간주하고 물어본 적도 없는데 제 가족과 자식 이야기를 주저리주저리 늘어놓는다.

솔직히 그런 이야기를 계속 들어 주는 일이 지겹다. 그렇다고 해서 마냥 피할 수도 없는 일. 이리저리 치이며 살다 보니 나름 요령이 생겼다. 무례한 줄 모르고 떠드는 오지랖 넓은 사람들에게 대처하는 방법도 다양하게 터득했다. 먼저 초면에 다짜고짜 "결혼했어요?", "결혼하셨죠?"가 튀어나오는 사람과는 거리를 두고 지낸다. 이삼십 대에는 예의 없는 질문을 받을 때마다 욱했지만 나이가 드니 매번 날을 세우진 않는다. 사람과 상황에 따라 그날의 컨디션에 따라 거른다. 내 시간과 에너지를 낭비하고 싶지 않아서다. 실례라는 사실을 인식조차 못하는 무신경한 이들에게까지 굳이 나서서 솔직할 필요는 없다.

다만 불가피하게 계속 만나는 경우라던가 어느 정도 가까운 사이라면 더는 속으로 삼키지 않는다. 그래야 내 정신 건강에 이로울뿐더러 상대도 다시는 쓸데없이 참견하지 않을 테니까. 꼰대인 사촌오빠가 "늙어서 후회하지 말고 더 값 떨어지기 전에 결혼해라"며 무례하기 짝이 없는 오지랖을 떨어 댄 적이 있었다. "오빠야말로 결혼했으니 똥값이 되었겠네"라고 비꼬아 주었다. 그랬더니 정말 똥 씹은 표정이 되었다. 기분이 상했던지 지지 않는다. "너처럼 여자가 기가 세면 어느 남자가 데려가냐?" 쯧쯧, 못났다. 어떡하든 날 이겨 먹으려고 기를 쓰는 모양이 참 지질했다. "오빠같이 기가 허한 놈을 데려간 언니나 극진히 모셔"라며 응수했다. "멀쩡하니 괜찮은 분인 거 같은데 왜 결혼을 못하셨을까?", "기가 너무 세서 남자가 없는 거 아녜요?"라며 청한 적도 없는 참견을 충고랍시고 늘어놓는 사람에게는 '멀쩡한 정신이라면 어떻게 결혼할 생각을 할 수 있느냐'고 반문하거나 '요즘 같은 세상에 기가 세서 더 잘 사는 사람'이라고 정정해 준다.

그냥 한번 물어본 건데 내가 너무 정색한다며 예민하다고 볼멘소리를 하는 사람들도 있다. 그러면 씩 웃으며 한마디 건넨다. "제가 예민하다면 반대로 그쪽은 너무 둔감하신 거 아닙니까? 제 인생이니 후회를 해도 제가 하고 선택을 해도 제가 합니다. 신경 끄시고 너나 잘하세요." 참지 않고 엿을 한 방 먹인다. 아유, 속 시원해라. 진즉에 이럴 걸. 나이 먹어서 깨우친 것이 하나 있다. 남이 내 인생 대신 살아 주는 거 아니다. 내 인생은 결국 내가 책임지면서 살아가야 하는 것이다. 인생 무한정 긴 것 같지만 지나고 보면 너무 짧다. 누구에게나 단 한번 주어진 재생 반복 없는 원테이크다. 남 눈치 보고 착한 척하느라 참고 참다가는 화병 걸린다. 그러니 할 말 다 하고 살 것. 누가 뭐래도 상관하지 않을 것!

## 여자는 결혼이지

어릴 적부터 '결혼하지 않을 거야'를 입에 달고 다녔다. 일찌감치 결혼 따위는 한국에서 하면 안 된다는 걸 깨달았다. 여자의 몸으로 태어났다면 더더욱. 엄마가 사는 모습만 봐도 결혼하면 어떻게 살지 불을 보듯 뻔했다.

그런데 언제부터 그런 생각을 했던 것일까. 결혼 안 해. 애 같은 건 낳지 않겠어. 그건 나랑 어울리지 않아. 기억을 되살려 보면 열 살 이후부터 줄곧 그랬던 것 같다. 툭하면 이런 소리를 내뱉고는 했는데 부모님은 그저 철딱서니 없는 사춘기 반항이나 말장난 정도로 우습게 넘겼다. 어른들은 혀를 끌끌 찼다. 쪼그만 게 못하는 소리가 없다며 나를 나무라고 야단쳤다. 머리에 피도 안 마른 것이 까분다며 꿀밤을 먹이기도 하고 엄포도 놓았다.

"여자는 결혼하고 애를 낳아야 여자인 거야."

"결혼 안 하면 여자 혼자 뭐 해서 먹고살래?"

"다들 결혼하는데 너만 노처녀로 달랑 남으면 나중에 외로워서 어쩌려고 그래?"

"자식 없으면 늙어서 누가 널 돌봐 주니?"

"결혼도 안 하고 애도 없음 챙겨 주는 사람도 없고 늙어 병들어 혼자 죽는다."

정말 끔찍한 소리들이다. 결혼하지 않고 애가 없다는 이유만으로 평생 자신이라는 존재를 부정당하며 돈 한 푼 없이 홀로 외롭게 아무도 없이 늙어 죽을 팔자라니! 그게 여자의 인생이라니! 그 따위 엿 같은 삶이 또 어디 있단 말인가. 열받았다. 그래서 결심했다.

"뭐야? 여자라서 좋은 게 하나도 없잖아. 그럼 난 여자 안 할 거야!"

내가 큰소리를 치자 다들 말도 안 된다며 코웃음을 쳤다. 어른들에게 내 말은 SF 소설보다도 더 허무맹랑했을 것이다.

어쨌든 겁을 줘서 말 잘 듣게 하려던 어른들의 공갈이 그리 썩 잘 먹힌 것 같지는 않다. 그때도 그랬지만 지금도 나는 별로 달라진 게 없으니 말이다. 근거를 댈 수는 없지만 내가 어른이 되면 다른 세상이 올 거야 그럴 거야라는 확신이 있었다. 하지만 결혼하지 않고서도 일하면서 먹고살 수 있는 방법은 뭘까 또는 결혼하지 않은 나이 든 여자는 어떻게 살고 있을까를 상상할 때마다 벽에 부딪혔다. 당시 나는 너무 어렸고 아는 것도 없었다. 주위에는 현실적인 롤 모델이 될 만한 여성이 없었다. 엄마를 봐도, 이모를 봐도, 이웃들을 봐도, 어디를 가나 나이 먹은 여자들은 모두 결혼하고 자식을 둔 가정주부였다. 상상력도 어느 정도는 현실에 바탕을 둔다. 영감은 하늘에서 툭 떨어지지 않는다. 의문을 품고 질문을 던질 수는 있었지만, 철저히 남성 중심적인 가부장제 한국 사회에 태어난 이상, 해답을 찾기는 매우 어려웠다. 다른 서사를 꿈꾸기 위해서는 더 오랜 시간이 필요했다.

## 왜 이혼'녀'만 '죽일 년'인가

불현듯 떠오르는 기억이 있다. 어머니가 쉬쉬했던 외가 내력. 6.25전쟁으로 외가는 파탄이 났다. 난리 통에 집안의 장남과 큰사위가 죽자 남편을 잃고 과부가 된 며느리와 큰딸은 자식들과 먹고살 길이 막막해 어쩔 수 없이 재혼을 했다. 막내삼촌은 이혼을 했다. 그런데 어머니는 이 사실을 대놓고 이야기한 적이 없었다. 친척들과 사촌형제들을 만날 때마다 내가 어렴풋이 눈치로 알아챘을 뿐이다. 세월이 흘러 자식들이 다 성인이 되자 어머니는 뭉쳐 놓은 실타래를 풀 듯 당신 집안 이야기를 하나둘 풀어 놓기 시작했다. 어머니는 결혼 후 친정 이야기만 나오면 당신이 기를 피지 못했던 이유 중 하나가 바로 외가의 이런 이혼과 재혼 전력 때문이었다고 털어놓았다. 어머니는 그게 무슨 일생일대의 흠이라도 되는 듯 부끄러워했다. 같은 여자로서 나는 어머니가 살아온 인생을 이해하고 싶었다. 하지만 어머니가 대역죄라도 지은 사람마냥 말끝마다 당신 탓을 하자 화가 솟구쳤다.

"대관절 그게 무슨 상관이야, 엄마? 이혼을 하든 재혼을 하든 그건 각자의 사정이잖아. 그게 뭐가 문젠데? 제 일도 아닌데 왜들 그렇게 참견이 많대?"

그러자 잠자코 눈물을 찍고 있던 어머니가 버럭 소리를 질렀다.

"부모 형제가 엄연히 있는데 가족 생각도 해야지. 그리고 여자가 이혼하고 재혼하는 게 뭐가 좋다고?"

기가 막혔다.

"결혼이든 이혼이든 내가 하는 거잖아. 본인이 아니라는데, 하겠다는데 가족이 왜 나서?!"

엄마도 물러서지 않았다.

"넌 어떻게 네 생각만 하니? 가족이 남이야?"

도란도란 좋게 시작된 모녀지간 대화는 급기야 언성을 높이고 날을 세우다 감정적인 말다툼으로 번졌다. 여자에게 결혼이 곧 지상 과제이자 절대명령이던 시대에 나고 자란 어머니. 결혼은 부모의 결정에 따르는 것이고 여자에게 결혼은 일생에 한 번뿐이라고 배우고 자란 구세대 어머니와 결혼은 나 자신 개인의 선택일 뿐이며 남녀 할 것 없이 안 맞으면 헤어지고 다시 만날 수 있다고 생각하는 신세대 딸은 결국 충돌할 수밖에 없었다. 한국 사회에서 결혼과 이혼은 당사자가 아니라 가족 전체의 집안 문제다. 어쩌면 지금도 그럴지 모른다.

언니가 초등학생이었을 때 언니의 단짝 동무가 생각난다. 이름은 기억나지 않지만 다들 이오 언니라고 불렀다. 친구 동생인 내게 항상 다정하게 웃어 주던 예쁜 언니였다. 나도 잘 따랐다. 어느 날 언니의 엄마가 우리 집에 찾아왔다. 이오 언니를 데리고 미국으로 들어간다고 했다. 이오 언니는 거기서 새아빠와 살게 되었다고 했다. 금방이라도 울 것 같은 표정을 하고 이오 언니는 엄마 손을 잡고 그렇게 한국을 영영 떠났다. 모녀가 떠난 후 한동안 동네 아줌마들은 모였다 하면 어김없이 그 일을 끄집어냈다. 서방 버리고 팔자 두 번 고친 여자라고 수군거렸다. 그 뒷담화 속에서 이오 언니의 엄마는 저만 살겠다고 이혼한 몹쓸 어미, 피눈물도 없는 천하의 나쁜 년이었다가 재혼해 미국으로 팔자 고쳐 간 억세게 운 좋은 여자가 되었다.

그런데 나는 아무리 생각해도 이해할 수 없었다. 이혼은 이오 언니의 엄마와 아빠 둘이 했는데 언니의 아빠 이름은 험담 속에 오르내린 적이 없었기 때문이다. 사람들은 이혼한 남자보다 이혼한 여자를, 재혼한 남자보다 재혼한 여자를 더 많이 자주 심하게 비난했다. 여자든 남자든 세상 모든 사람이 한 명의 배우자와 죽을 때까지 해로한다는 보장은 없다. 그저 운일 뿐이다. 현실적으로도 불가능하다. 사망이나 사고같이 불가피한 경우로 홀아비나 과부가 되는 사람 외에도 피치 못할 각자의 사정으로 이혼이나 재혼을 하는 사람은 늘 존재하기 마련이다. 게다가 한 손으로 손뼉을 칠 수 없듯이 이혼이나 재혼 역시 혼자 할 수는 없다. 그런데도 남성보다 유독 여성에게만 비난과 멸시가 쏟아졌다. 남자는 그럴 수 있지만 여자는 그러면 안 된다는 것이다. 남자는 해도 여자는 하면 안 된다는 것이다.

이혼을 감행한 여자는 자식과 가족을 버린 이기적이고 사악한 여자로 낙인찍혔다. 사람들은 아무런 의심도 회의도 없이 이혼 또는 사별을 한 여자는 팔자가 세다, 혼자 사는 여자는 박복하다, 팔자가 센 여자는 남편 복이 없다, 여자가 기가 세서 남편을 잡아먹는다는 말을 스스럼없이 내뱉었다. 그런 말을 들을 때마다 나는 분개했다. 똑같은 인간인데 일방적으로 왜 한쪽만 비난을 받아야 하는가. 무엇보다 같은 처지의 여성이 여성을 비난하는 것이 적이 이상했다. 뭐든 여자 탓을 하는 시대. 단지 여자라는 이유로 부당한 차별을 받는 것이 지극히 당연하게 여겨졌던 그런 시대였다.

고교 시절 친했던 짝꿍이 있었다. 친구 집에 자주 놀러갔는데 친구의 아버지와 마주친 적은 한번도 없었다. 친구는 아버지가 어릴 때 돌아가셨다고 했다. 졸업 후 어느 날, 친구에게서 연락이 왔다. 할 말이 있다는 것이다. 철길 옆 뚝방에 서서 저녁놀을 바라보던 친구가 생각난다. 친구는 세상에서 가장 쓸쓸한 얼굴을 하고서 자기 아버지가 살아 있다고 고백했다. 친구의 아버지는 이미 가정이 있는 유부남이었고 친구의 어머니는 미혼인 상태에서 자신을 낳았다고 했다. 두 분은 결혼식을 올리지 못했다. 친구의 아버지는 막장 드라마의 흔한 남주인공처럼 두 집 살림을 했던 것이다.

아버지 호적에 올라갈 수 없어 친구는 결국 어머니의 성을 따랐다. 어릴 때부터 그것이 친구에게는 견딜 수 없는 부끄러움이자 상처였다. 21세기인 요즘도 미혼모라면 사람들이 색안경을 쓰고 보는데 그 시절에는 오죽했을까. 처녀가 애를 낳으면 온 동네가 쑥덕대며 욕하던 시절이었다. 싱글 맘, 비혼모라는 말도 없었다. 남편 없이 애를 낳은 여자는 가족에게 버림받거나 집에서 쫓겨나는 게 당연지사였다. 미혼모의 삶도 팍팍했지만 자식들마저 아비 없는 자식이라는 낙인을 고스란히 짊어지고 살아야 했다. 그래서일까. 친구는 결혼한 부부와 자식이 함께 사는 우리 집을 부러워했다. 반대로 나는 아버지가 없는 친구가 정말 부러웠다. 가정불화가 끊이지 않은 집에서 시달릴 대로 시달린 터라 부모가 제발 이혼하기를 간절히 염원했기 때문이다. 그렇게 우리는 서로의 것을 거듭 부러워했다. 친구는 하루빨리 결혼하고 싶다고 했다. 결혼이야말로 그의 일생일대 프로젝트였다. 친구는 보란 듯이 번듯한 가정을 꾸려 애 낳고 사는 것이, 이 사회에서 자신과 같은 사람이 무시와 손가락질을 당하지 않는 유일한 길이라고 믿었다.

그렇지만 나는 수긍할 수 없었다. 의문이 들었다. 결혼하지 않고 애를 낳아 키우는 것이 왜 문제가 되어야 한단 말인가. 혼자라도 잘 키울 수만 있으면 되는 거 아닌가. 부모를 선택해서 태어난 것도 아닌데 말이다. 나는 친구가 가족사를 비밀에 부치고 쉬쉬하면서 살아야 하는 현실에 울화가 치밀었다.

남존여비 사상이 팽배한 한국 사회에서 부끄러움과 수치는 오직 여자의 몫이었다. 한 번 결혼한 여성은 설령 남편이 죽었거나 남편과 헤어졌다 해도 재혼하지 않고 오직 자식을 위해서 희생하는 것이 도리이자 미덕이었다. 부계 혈통에만 사회적, 법적 지위를 주는 가부장제 사회에서는 결혼하지 않은 여자들, 결혼 제도 밖의 여자들 그리고 그 여자들이 낳은 자식은 사회적으로 인정도 존중도 받지 못했다. 그들은 사방에서 맹비난을 받았고, 낙인찍혔으며, 가족과 사회로부터 추방당했다. 개인적인 사유와 복잡한 사정이 있다 하더라도, 불행한 결혼 생활을 할지라도, 생계와 생명에 위협을 당할지언정, 여자는 여자라는 이유만으로 무조건 참고 희생하면서 가정을 지켜야 한다고 강요하던 시절, 끔찍하게도 성차별적인 시대였다. 호랑이 담배 피우던 시절 이야기냐고? 결혼한 두 쌍 중 하나가 이혼하는 요즘 같은 시대에는 말도 안 되는 소리로 들릴 수 있다. 지금이야 돌싱, 싱글 맘, 비혼이라는 신조어가 일상적으로 사용되는 세상 아닌가. 하지만 그 속내를 들여다보면 지금도 별반 달라진 건 없다. 미혼모와 싱글 맘 또는 한부모 가정에 대한 법적, 제도적 지위나 사회적 인식을 보면 과연 얼마만큼 바뀌었을까.

## '여필종부'에서 '현모양처'로
## 가부장제가 만들어 낸 허상들

조선 시대에 여성은 유교의 삼강오륜에 따라 '열녀효부'가 되어야 했다. 어려서는 아버지에게, 시집가서는 남편에게, 늙어서는 자식에게 순종하라는 '삼종지도'와, 평생 한 남자만 섬기고 그에게 헌신하라는 '일부종사'를 강요받았다. '조강지처'가 되는 것이 존재 이유였다. 여자로 태어난 이상 그 외의 다른 삶은 존재하지 않았다. 만일 남성과 동등해지려고 하거나 다르게 살고자 하는 여성은 죽임을 당하거나 사회에서 내쳐지고 뭇매를 맞았다.

죽으나 사나 여성은 남편을 따르고 남편의 말에 순종해야 한다는 조선 시대의 '여필종부'는 일제 강점기에 '어진 어머니, 착한 아내가 되어야 한다'는 '현모양처'로 바뀌었다. 여성은 오직 가정에서 아내, 어머니의 역할에만 전념하고, 밖에서 일해 돈 버는 남편을 내조하는 주부로 살아야 한다는 의미의 현모양처.

그러나 현모양처는 여성의 본성도, 누대부터 내려온 한국 고유의 전통도 아니다. 당시 일본 제국주의는 전쟁에 투입시키고 국가 또는 회사의 부름에 봉사시키기 위해 수많은 남성을 차출해야 했다. 그 결과 징병과 징용으로 차출된 가장 대신 집안을 돌보고 아이들을 키울 순종적인 여성이, 즉, 남편과 자식을 뒷바라지하는 돌봄노동에 종사할 여성상이 필요해졌다. 다시 말해 현모양처는 삼종지도나 일부종사와 마찬가지로 국가 주도하에 만들어지고 성별에 따라 철저히 역할을 분담시키려는 의도로 주입된 관념인 것이다. 사실 남녀에게 고정된 불변의 성역할이 있다고 믿는 것 자체가 시대가 만들어 낸 허상이다. 그럼에도 무수히 많은 여성이 이 같은 고정관념의 노예로 살고 있을 것이다.

엄마 역시 현모양처를 여성의 본성 또는 한국 사회의 전통이라 굳게 믿은 사람이었다. 엄마는 1937년생으로 일제 강점기에 태어나 6.25 전쟁을 거친 세대다. 유복한 집안에서 자라 신식 고등 교육을 받고 교사가 된 어머니는 당시로는 드문 전문직 여성이었다. 어머니는 결혼하지 않았다면 평생 시골 선생으로 살았을 거라 했다. 늘그막에 가난한 아이들을 위한 학교를 세워 죽을 때까지 봉사하면서 살다 가는 것이 꿈이었노라 했다.

하지만 1960년대에 서른이 넘도록 시집을 안 간 노처녀 중의 노처녀인 어머니를 가만히 내버려 둘 세상이 아니었다. 집안에 시집 못 간 과년한 딸이 있어 동네 창피하다며 가족들이 성화를 부렸다. 결국 부모의 뜻이라면 한번도 거역한 적이 없는 착하고 순종적인 어머니는 선을 보고 아버지와 결혼했다. 아이 셋을 낳고 남편을 내조하며 전업주부 현모양처로 살고자 했다.

하지만 실직 후 술에 취해 자신과 자식들에게 폭력을 휘두르는 남편 때문에 이런 기대는 산산조각이 나고 말았다. 어머니는 종종 "여자 팔자는 뒤웅박 팔자"라고 했다. 옛날 부잣집에서는 뒤웅박에 쌀을 담고, 가난한 집에서는 여물을 담았다. 가난한 남자와 결혼하면 자동적으로 가정부이자 하녀, 일꾼이 되고 돈 많은 부자와 결혼하면 애완동물이나 인형이 되는 것이 여자의 일생. 여자는 어떤 남자를 만나 결혼하는가에 따라서 백팔십도 인생이 바뀐다는 소리다. 하지만 나는 여자로 태어났다는 이유만으로 결혼 외에 다른 인생이 존재하지 않는다는 것을, 고작 남자 한 명 때문에 내 인생이 전부 달라져야 한다는 것을 용납할 수 없었다.

나는 어머니가 남편에게 얻어맞고 구속당하는 모욕적인 삶을 사느니 차라리 자신의 삶을 먼저 찾아 주기를 바랐다. 자식 때문에 절대 이혼할 수 없다고 입버릇처럼 말하는 어머니에게 당신의 그 자식들은 이혼을 원한다며 애원했다. 그럼에도 어머니는 당신에게 이혼녀라는 딱지를 붙일 수도, 우리에게 아비 없는 자식이라는 소리를 듣게 할 수도 없다고 했다.

하지만 나는 어머니가 이혼하고 싶어도 할 수 없는 이유로 자식을 들먹일 때마다 내가 그 자식이라는 게 너무 싫었다. 어머니가 자식을 핑계로 자기 합리화를 하고 있는 건 아닌가 하는 의구심을 버릴 수가 없었다. 남편에게 두들겨 맞고 살아도, 하늘이 무너져도 이혼만은 안 된다고 굳게 믿는 어머니의 신념은 일면 기괴해 보이기까지 했다. 한 인간으로서 자존감이 바닥에 떨어지는 삶을 지속하면서도 아내, 어머니라는 역할에 이를 악물고 매달린 어머니를 볼 때마다 나는 분노와 절망, 슬픔과 의문이 뒤섞인 감정에 휩싸였다. 단언하건대, 어머니가 그토록 한탄하던 '뒤웅박 팔자'를 깨 버리지 못한 데에는 무엇보다 어머니 당신이 스스로 먹고살 경제적 능력이 없었기 때문이라고 생각한다. 만일 어머니가 교직을 그만두지 않았다면, 경제력이 있었다면 아버지와 이혼할 수 있지 않았을까 하고 생각한 적이 한두 번이 아니다. 하지만 한편으로는 이렇게도 생각한다. 결혼 제도 밖의 여성을 철저히 단죄하는 사회 분위기 속에서 성차별적이고 봉건적인 사고방식에 단단히 얽매여 있던 어머니가 달리 무슨 생각을 할 수 있었을까. 어머니는 누군가의 아내, 엄마라는 이름을 버리고 혼자 살아가기가 죽기보다 더 두려웠을 것이라고. 차마 뒤웅박을 깨 버릴 용기가 나지 않았으리라고.

## 결혼 말고
## 모든 길을 차단시키다

사실상 여자에게 결혼 이외의 다른 삶이 주어지지 않았던 봉건적인 시대에 여자가 결혼 제도를 벗어나 살아간다는 것은 가당치도 않았다. 여성이 경제적으로 자립할 수 있는 길이 전무한 사회에서 여성에게는 결혼만이 유일한 미래였다. 생존 방법이었다. 그리고 결혼 생활은 한마디로 '복불복'이었다. 운이 좋으면 성실한 가부장 남편을 만나 백년해로하지만 운이 나쁘면 가정에서 어떤 모욕과 폭력을 당하더라도 감수해야만 했다. 영화와 드라마, 소설만 둘러봐도 남편과 시부모의 온갖 학대와 폭력을 인고와 희생이라는 거짓 명분으로 참고 살아야 했던 여성들의 한 맺힌 이야기로 넘쳐 난다. 한국의 전설 속 귀신들이 전부 한을 품고 죽은 '여성'들인 까닭이다.

설령 이를 견디지 못해 이혼을 감행한다 해도 여성들의 삶은 그다지 달라지지 않았다. 경제적 책임을 지지 않고 내빼는 아버지가 허다한 시절이었기 때문이다. 여성에게는 돈을 벌 기회, 즉 경제적 능력이 없는데 무슨 수로 결혼 대신 독신을 선택하고 독립을 하며 이혼을 하고 자식들을 먹여 살리겠는가. 현실적으로 여성이 이혼으로 얻을 수 있는 것은 아무것도 없었다. 80년대까지만 해도 남성들이 모든 직업군을 독점하다시피 했으니 이혼은 더 불가능했다.

운 좋게 혜택을 받은 극소수의 여성, 즉 대학 진학을 비롯해 고등교육을 받고 사회생활을 유지한 일부의 여성들 빼고 교육받지 못하고 기술도 없는 가난하고 평범한 집안의 여성들에게는 결혼 말고 다른 선택지라는 것 자체가 없었다. 설사 일을 할 수 있다 한들, 남성과 같은 일을 해도 남성의 절반도 안 되는 임금을 받는 공장 노동자이거나 식당 종업원, 술집 여급 또는 성노동자로 일할 수 있는 정도였다.

이들은 '공순이', '하녀' 또는 '식모', '빠걸' 또는 '호스티스' 등의 이름으로 업신여김과 모욕을 당했다. 누군가의 아내, 어머니로 살지 않는 여성, 즉 '인간'으로 살고자 했던 여성들의 처절한 삶이었다. 철저히 권력과 힘의 논리가 지배하는 가부장제 사회에서 아버지 또는 남편이라는 보호자 없이 여성은 생존 자체가 불가능한 시대였다. 여성의 대학 진학률이 남자와 엇비슷해지고 사회 진출이 가속화된 90년대까지도 여성의 삶이란 결혼 전에는 아버지의 손에, 결혼 후에는 남편의 손에 전적으로 달려 있었던 것이다.

# 비혼 1세대의 등장

내가 청소년기를 보낸 80년대나 이십대를 보낸 90년대만 해도 한국 사회에 결혼하지 않은 채로 중년이 된 여성은 흔하지 않았다. 여성이라면 모두 계집애이거나 소녀라고 불리던 시절을 거쳐 이십대에 미혼이라는 시기를 잠시 보내다가 어느샌가 유부녀로 아줌마가 되어 있거나 다들 누군가의 엄마로 불렸다. 여자라면 누구나 그래야 했다. 마흔을 넘고도 혼자인 여자는 '당연'하지 않았다. 그건 뭔가 이상하고 잘못된 것이었다. 혹시 주위에 나이 든 독신 여자가 있으면 이웃들은 그녀를 이혼녀이거나 과부 또는 시집 못 간 불쌍한 노처녀라면서 뒤에서 수군덕거렸다. 남편 없는 여자는 그 자체로 팔자가 사나운, 박복한 여자였다. 이 사회에서 그녀(들)는 '여자'가 아니었으며 '여자'가 되지 못한 여자는 사람 취급도 받지 못했다.

당시만 해도 결혼 안 한 여자들 특히 비혼을 꿈꾸는 여자들은 극소수였다. 90년대까지도 여성에게 주어진 인생 최대의 과업은 오직 결혼이라는 관념이 절대적이었다. 대학을 졸업했더라도 취업보다는 곧장 결혼으로 취직하는 여성이 대다수였고 취직을 했더라도 이십대 후반을 넘기지 않고 결혼하는 것이 다반사였다. 지금은 말도 안 되는 소리라며 다들 코웃음을 치겠지만 당시만 해도 '여자가 서른 넘어서 결혼하는 건 벼락 맞기보다 더 어렵다'는 농담이 진담이었다.

2005년도에 크게 인기를 끌었던 TV 드라마 〈내 이름은 김삼순〉에서 주인공 삼순은 '서른 살 노처녀'로 등장한다. 서른이면 이미 혼기를 놓친 불쌍한 노처녀였던 것이다. 세태를 반영한다는 흥행 드라마가 이 정도였으니 현실은 더하면 더했지 덜하진 않았다. 남들과 엇비슷하게 살고자 하는 욕구가 강하고, 남들과 다르게 사는 것을 받아들이지 못하는 한국에서 '여자는 서른을 넘기면 안 된다'는 가족과 사회의 암묵적인 강요는 평범한 미혼 여성들을 끊임없는 불안에 시달리게 했다. 그로 인해 소위 결혼 적령기라는 서른 전후에 강박감에 쫓겨 서둘러 결혼하는 여성이 대다수였다.

## 결혼 말고 다른 길을 찾아 나선
### X세대 여성들

그런데 2000년대 초반부터 결혼을 미루고 늦추고 자신의 삶에 더 집중하는 여성들이 나타났다. 결혼하지 않은 채 삼십대를 맞이하는 여성들, 비혼 세대의 출현이다. 물론 이때만 해도 '독신주의자'라고는 했어도 자신을 '비혼'이라고 명명하는 여성들은 없었다. 하지만 결혼을 유보하고 싱글인 채로 서른 이후의 삶을 살기 시작했다는 점에서 지금의 '비혼'과 크게 다르지는 않았다. 90년대에 들어 여성들의 대학 진학률이 비약적으로 높아졌다. 이 여성들을 포함한 당시의 젊은 세대를 '신세대' 또는 'X세대'라 불렀다. 90년대에 대학을 다녔던 나 또한 X세대의 일원이었다. 한국 사회에서 실질적인 비혼 세대의 시작을 알린 핵심층은 1970년 이후 태어나 90년대에 대학 교육을 받은 바로 이 여성들이 아니었을까.

국가와 집단이 우선시되었던 7, 80년대와 달리 90년대에 20대를 보낸 X세대는 학력 인플레이션, 해외여행, 어학연수 등의 세례를 받았고 개인주의의 도래를 온몸으로 받아들인 자유주의 1세대였다. 우리는 배낭을 메고 용감하게 해외로 떠났고 세계 각국의 젊은이들과 만나고 대화하면서 직간접적으로 국제화 또는 세계화라는 것을 체험했다. 한국 사회에서 '우리'라는 집단이 아니라 '나'라는 개인에 대해 자각한 첫 세대였다.

나는 대학 졸업 후 일을 하다 영화를 공부하러 다시 학교에 들어갔고, 영화감독이 되겠다는 꿈에 부풀어 있었다. 우리 세대는 누가 먼저랄 것도 없이 '나만의 개성'이라든가 '자아실현'이라는 표현을 쓰기 시작했다. 여자라고 해서 못하는 일이 있다거나 여자라서 넘볼 수 없는 성역이 있다고도 생각하지 않았다. 능력과 열정 면에서는 남자와 똑같다고 자신했다. 자신의 재능과 능력을 펼칠 수 있는 직업을 가지고 성취하고 싶다는 꿈으로 가득했다. '커리어 우먼', '성공한 여자' 같은 말이 유포되기 시작한 것도 바로 이즈음이었다.

2000년대에 들어서면서 결혼하지 않은 독신 여성이 급격히 늘어난 이유는 대체 무엇일까. 대학 같은 고등 교육을 받은 여성들의 폭발적인 증가, 이 한 가지만으로는 설명할 수 없다. 사회적으로는 민주주의의 확대 그리고 자유주의, 개인주의의 확산이 지대한 영향을 미쳤을 것이다. 그뿐만 아니라 경제적인 불안정이라는 요소 또한 복합적으로 작용했다. X세대는 1990년대 말 국가 부도를 직접 보았고 IMF 사태라는 초유의 경제 위기를 경험했다. 고도성장이 일구어 낸 평생직장이라는 신화가 와르르 무너지고 취업난과 무한 경쟁이라는 암울한 그늘이 드리운 것이다.

IMF 사태 이후 한국은 신자유주의 사회로 전면 재편되었다. 노동 유연화와 대량 해고로 대표되는 신자유주의 시대. 사회를 나온 내 앞에 기다리고 있었던 것은 항시적 고용 불안이었다. 대학을 졸업하기만 하면 어디든 정규직으로 취업할 수 있던 그 전 세대의 미래가 우리에게는 존재하지 않는 과거가 되어 버렸다. 무엇보다 개인의 자유와 선택이라는 가치에 눈을 뜨고 남녀평등이라는 사상으로 고무된 여성들, 남성과 똑같이 고등 교육을 받고 사회로 나온 여성들이 맞닥뜨린 현실은 또래의 남성보다 훨씬 더 가혹했다.

경제적인 불안감이 가중되자 그 여파는 곧장 결혼에까지 미쳤다. 경제적인 불안은 결혼의 안정성마저 송두리째 빼앗아 갔다. 남자인 가장이 벌어들이는 수입만으로 가정을 꾸리고 저축을 하고 내 집 마련이 가능했던 시대가 완전히 막을 내렸기 때문이다. 평생직장은커녕 남자도 언제든지 직장에서 잘릴 수 있었다. IMF 사태가 몰고 온 사회 양극화와 대량 실업으로 '일하는 아빠, 살림하는 엄마, 토끼 같은 자식들'로 구성된 중산층이 몰락하고 있었다. 그러자 여자의 인생에서 당연한 수순으로 여겼던 연애-결혼-가족 구도에 위기가 찾아왔다. '남자는 바깥일, 여자는 집안일'이라는 성별 분업이 근간부터 서서히 흔들리기 시작했다. 학교를 졸업한 후 일정 기간 일을 하다가 자신보다 돈을 잘 버는 남자, 안정적인 평생직장을 다니는 정규직 남자와 결혼해 남편을 내조하는 전업주부이자 현모양처로 사는 평범한 여성의 표준적 삶에 균열이 생기게 된 것이다. 우리 세대부터는 과거의 어머니처럼 살고 싶어도 그럴 수 없었다.

한편, 대학 교육을 받고 사회에 나와 직업으로 자신의 정체성과 자존감을 획득한 여성들은 과거 여자에게 정해진 역할이었던 현모양처에 안주하기를 거부했다. 다른 삶을 꿈꾸는 주체적인 여성들에게 가정주부는 더는 여성의 천직이거나 역할 모델이 될 수 없었다. 이때부터 결혼의 필요성에 의문을 품는 여성들이 나타나기 시작했다. 여자의 인생에서 결혼과 육아를 필수가 아닌 선택으로 보는 여성들, 독신을 선호하는 사람들도 서서히 늘어났다. 급기야 '모두가 결혼해야 한다'는 전제를 무너뜨리고 결혼 제도 바깥을 상상하는 여성들까지 등장했다. 나는 그들 중 하나였으며, 변화의 흐름 한복판에 서 있었다.

## 기만적인 '우리'에
## 더는 농락당하지 않겠다

《한겨레》 2018년 4월 12일 자 기사(〈미혼남녀 7명 중 1명 '비혼'…"자유롭게 살고 싶어서"〉)에 따르면 전반적으로 여성이 남성보다 비혼을 더 생각하고, 연령대가 낮을수록 더 그런 것으로 나타났다. 또 여성의 92.9퍼센트, 남성의 72.8퍼센트가 '결혼은 해도 되고 안 해도 되는 선택이다'고 응답했다. 남녀 불문 모두가 '일과 개인 생활 모두에서 자유롭게 살고 싶기 때문'에 비혼을 선택하겠다고 답했다. 이십대 여성의 경우에는 86.7퍼센트나 된다. 전 연령대에서 남성보다 여성들에게서 비혼주의가 월등히 높은 이유는 자명하다.

첫 번째는 '결혼 후에는 나를 위해 시간과 비용을 투자하기 어려울 거 같아서'다. 이는 아내이고 엄마이기 전에 한 인간으로서 존중받고 싶다는 욕망과 의지의 표현이다. 두 번째 이유는 '자녀를 낳고 기르는 것에 대한 부담'인데 이것은 여성이 남성과 같은 노동자일지라도 가사와 육아를 오롯이 전담해야 하는 현실에 부당함을 느끼기 때문이다. '집안 대소사에 참여하는 것에 대한 부담'이라는 세 번째 이유는 아내와 엄마라는 역할 외에 며느리라는 이름을 하나 더 달게 되면서 이중 삼중 노동에 시달리는 현실에 대한 저항일 것이다.

자유롭고 싶다는 욕망은 누구에게나 있다. 그 자유는 자신의 삶을 스스로 선택하고 주체적으로 관리하며 책임지겠다는 의미다. 그런데 이 같은 이유로 결혼을 주저하고 비혼을 선택하는 젊은 세대를, 특히 여성을 한국 사회는 책임지려 하지 않고 저만 생각하는 '이기적'인 사람으로 몰고 간다. 한참 잘못 짚었다. 자신의 삶을 책임지겠다는 태도가 왜 이기적인가. 기성세대와 젊은 세대의 '책임'은 의미가 다르다. 젊은 세대와 비혼인들은 '개인'의 책임을 이야기한다면, 기성세대와 이 사회는 '가족'과 '국가'에 대한 책임을 이야기한다. 이는 개인보다 집단을 철저히 우선시했던 전 세대의 시선이라고밖에 볼 수 없다. 결국 세계관의 충돌인 셈이다.

그동안 한국 사회는 언제나 개인보다 집단, 나보다 가족, 사람보다 국가를 우선시했다. 오직 '우리'만 존재했다. 하지만 그 우리는 언제나 성별, 젠더와 연령을 비롯해 경제력과 권력이 우위에 있는 사람만이 기득권을 쥔 차별적인 우리였다. '나'는 없고 불평등한 위아래 서열 관계의 '우리'다. 그 속에서 나라는 개인은 자연스레 부정당한다. 젊은 세대는 더는 그런 불행한 삶을 살고 싶지 않다고 항변하는 것이다.

내가 비혼을 선택한 이유도 크게 다르지 않다. 결혼으로 내가 지워진 채 하나의 역할로만 살고 싶지 않았고, 여성이라는 이유로 부당한 차별과 이중 삼중의 노동에 시달리고 싶지 않았으며, 한 인간으로서 누려야 할 성적 자유와 성적 자기 결정권도 잃고 싶지 않았기 때문이다. 그렇다. 나는 그 누구도 아닌 '나'로 살고 싶어서 비혼을 선택했다.

그 누구도 아닌 나로 살고자 했고 남들이 걷지 않은 길을 꿈꾸었고 그것이 가능한 자유를 원했던 내 삶은 스물을 지나 서른, 마흔을 넘어 지금까지도 현재 진행형이다. 어릴 적부터 내게 잔소리와 참견을 늘어놓았던 사람들의 예상대로라면 남편과 애가 없는 나는 지지리 궁상을 떨며 혼자 외롭게 늙어 가고 있어야 했다. 그런데 꼭 그렇게 되진 않았다. 어른들의 협박 중 하나만 맞고, 나머지는 다 틀렸다. 돈 없는 가난뱅이는 맞지만 혼자서도 그럭저럭 잘 살아가고 있으니 말이다. 노(老)는 맞지만 처녀(處女)는 아니다. 애는 없는 것이 아니라 아예 안 낳는 것이다. 혼자 살지만 외롭다는 생각은 들지 않는다. 나와 같은 삶을 꾸린 벗이 주변에 아주 많다. 나이 들어 외로울 거라고요? 천만에요. 부모님은 당신 세대가 살아온 방식으로 나의 미래를 내다보았을 뿐이다. 하지만 내가 늙어 갈 세상은 비혼과 1인 가구가 소수에서 다수로 되어 가는 세상이 아닌가!

## 비혼과 1인 가구가 다수인 세상

그동안 내가 숱하게 들어야 했던 '너 혼자만 외롭게 늙어 가면 어쩌려고' 같은 걱정은 이제 옛말이 되었다. 요즘은 3, 40대 비혼 여성이 폭발적으로 늘고 있다. 곳곳에서 나와 같은 길을 걸어가는 여성을 수없이 만난다. 내 주변에도 많다. 비혼으로 서른, 마흔, 쉰 살을 맞이하는 여자도 많아졌다. 이혼 후 비혼으로 살고 있는 친구, 지인들도 있다. 나처럼 자발적 비혼을 선택하지 않더라도 잠정적 비혼 상태인 독신 역시 늘어나고 있다. 가히 싱글들의 세상이 도래했다고나 할까.

한 세대 전만 해도 '결혼이란 인륜지대사' 즉 거역할 수 없는 운명이었다. 하지만 지금은 필요한 사람에 한해서 선택할 수 있는 '계약'

이 되었다. 특히 젊은 세대에게 결혼이란 경제적으로든 정서적으로든 혼자 살 때보다 더 큰 행복을 주리라는 확신이 들지 않는 한 굳이 가고 싶지 않은 길이 되고 있다. 21세기 2020년 한국의 풍경은 완전히 달라졌다. 여성에게 미혼 아니면 기혼밖에 없었던 선택지는 이제 여성 스스로가 선택한 비혼 아니면 결혼으로 바뀌고 있다. 불과 20여 년 만에 한국 사회가 이렇게 변했다. 진실로 혁명적인 변화다. 비로소 나는 여자에게 주어진 삶의 종착점은 오직 결혼뿐이었던 시대를 지나 결혼은 삶의 수많은 선택지 중 하나일 뿐인 세상, 무엇을 선택하든지 간에 '나'라는 개인으로, 자기 자신으로 살 수 있는 '자유', '결혼하지 않을 자유'가 존재하는 시대에 당도했다.

여자 팔자는 뒤웅박이 아니다. 원치 않은 뒤웅박은 깨 버리면 그만이다.

# '자발적' 비혼과 '어쩌다' 비혼

나는 어린 시절의 경험과 개인적 성향을 바탕으로 스스로를 페미니스트로 정체화한 후로는 가부장제 결혼 제도로 들어가지 않겠다고 결심했다. 이런 나의 세계관을 형성하는 데 페미니즘이 큰 영향을 미쳤다. 사실 페미니즘은 나란 사람의 성격과 의식 속에 이미 깊게 자리 잡고 있었다. 내 삶을 돌아볼 때 내가 페미니스트가 된 건 지극히 자연스런 귀결이 아니었나 싶다.

나는 어릴 적부터 뭐든 부당하고 불평등한 것을 참지 못하는 성격이어서 집이나 학교에서, 일상에서 여자라는 이유로 당하는 성차별에 유독 반감이 컸다. 부모가 만혼인 탓에 우리 집은 부모와 자식 간의 세대 차가 극심했다. 가부장적이고 봉건적인 아버지와 어머니는 딸과 아들에 대한 기대치가 달랐고 은연중에 항상 차별적으로 대했다. 여성도 경제력이 있어야 한다며 딸들을 대학에 보낸 어머니였다. 그랬던 어머니가 대학 나온 딸들이 더 능력 있는 남자를 만나서 결혼하기를 바랐다고 했을 때 느꼈던 실망감이란 이루 말할 수가 없다.

나는 중·고등학교를 전부 여학교에서 다녔는데 소위 품행이 단정한 여학생, 즉 얌전하고 말 잘 듣는 착한 여자가 되라는 식으로 가르치는 선생들에게도 항상 화가 났다. 성별이 다르다는 것, 그것 하나 때문에 남자와 여자의 우열이 나뉘는 현실에 늘 반항했다. 남자다움과 여자다움이라는 젠더를 강요할 때마다 견딜 수가 없었다. 매사가 불만이었고 모든 것이 의문투성이였다. 왜라고 묻지 않으면 직성이 풀리지 않았다.

그러나 내 의문에 답을 해 줄 사람이 주변에 아무도 없었다. 답답한 마음에 중·고등학생 때부터 혼자 페미니즘 공부를 시작했다. 당시에는 나와 같은 생각을 하는 사람이 극히 적었고 주변에서 찾아보기도 힘들었다. 얼굴을 맞대고 울분을 털어놓을 사람은 없었지만 그 대신 내게는 책이 있었다. 학교를 졸업하고 사회에 나와서 다른 페미니스트들을 만나기 전까지 책이 유일한 안내서이자 길잡이였다.

페미니즘을 처음 접했을 때 그 기분을 뭐라 표현할 수 있을까. 캄캄한 밤 홀로 망망대해를 떠돌다 불빛이 반짝이는 등대를 발견한 기분에 비유할 수 있을까. 진취적이고 독립적으로 살다 간 페미니스트들의 목소리에 귀를 기울이면서, 그들 삶의 발자취를 따라가면서, 나는 이 세상에서 혼자가 아니라는 강한 유대감을 느꼈다. 지금까지도 페미니즘은 내 삶의 정신적 지주이자 동지이다. 페미니즘이라는 든든한 길동무가 있었기에 비혼의 삶을 꿈꿀 수 있었는지 모른다.

10여 년 전부터 젊은 여성들이 독신인 상태를 '미혼'이 아니라 적극적으로 '비혼'이라고 명명하기 시작했다. 이들의 비혼은 단순히 결혼을 '못한' 미혼 상태에 머무르는 것이 아니라 결혼 제도 자체를 거부하는 '페미니스트 비혼'으로 진화하고 있었다. 특히 영페미니스트들은 가부장제와 이성애주의를 비판하면서 결혼 제도에 문제를 제기하고 '비혼'을 적극적으로 정치화했다. 그렇다. 개인적인 것이 정치적인 것이다. 개인의 문제는 결코 사소하지 않다. 나라는 개인의 경험은 각자에게만 국한된 부차적인 일이 아니라 '사회적' 관계의 문제이자 여성의 '정치적' 문제다. 21세기에 페미니스트로 각성한 젊은 여성들이 당당하게 비혼을 선언한 것은 가부장제가 여성에게 씌워 놓은 성차별적 굴레를 거부하겠다는 선언이자 성평등한 세상을 꿈꾸며 자신에서부터 변화와 실천을 시작하겠다는 '나로부터의 혁명'인 것이다. 이십 대 여성들 사이에서 비혼이 확산되는 과정을 지켜보는 것은 감격스러운 일이었다. 기뻤다. 비혼이 폭넓게 대중성을 획득하는 시대가 왔다는 것을 실감하는 순간이었다.

## '자발적' 비혼과 '어쩌다' 비혼

그런데 비혼을 바라보는 여성들 시각은 조금씩 저마다 다른 것 같다. 나처럼 자발적으로 비혼을 선택한 사람이 있는 반면, 어쩌다 보니 비혼 상태에 놓인 여성들도 있다. 어정쩡하게 미혼으로 지내다가 잠정적으로 비혼에 이르게 된, 일명 '어쩌다 비혼'이 되어 버린 친구들이다. 어쩌다 비혼인 여성들은 결혼 시기를 놓친 후 자의 반 타의 반 결혼을 '포기'하게 된 경우가 훨씬 많다. 이들은 나처럼 결혼에 회의적이거나 제도 자체를 부정한 것은 아니었다.

현대의 젊은 여성들은 과거 어머니 세대처럼 자신을 전적으로 책임지는, 속된 말로 '봉'인 남자를 원하는 것이 아니다. 현대 여성들은 신데렐라보다 〈겨울왕국〉의 엘사에 더 가깝다. 백마 탄 왕자를 기다리며 신부 수업이나 하는 공주님은 동화에나 존재하지, 그 같은 판타지가 현실에서 벌어지는 일이라고 생각하는 여성은 생각보다 많지 않다. 학교나 직장에서 유능하고 똑똑한 이 여성들은 남자를 등쳐먹으려고 결혼을 원하는 것이 아니라 단지 자신을 아껴 주고 말이 통하며 삶을 함께할 남자를 찾고 싶었을 뿐이다.

이들은 이십대에는 학업과 취업에 열중하고 삼십대에는 좀 더 전문적인 경력을 쌓느라 결혼을 주저했을 뿐, 딱히 결혼을 거부한 적이 없다. 항상 결혼을 꿈꾸었고 언젠가는 해야지 하는 마음으로 열심히 직장 생활에 임했던 여성들이다. 자신이 원하는 일을 하며 경제적 독립과 더불어 직업적 성취를 원했지만 그렇다고 해서 혼자 살고 싶어 하지도 않았다. 직업을 포기할 생각도 없었지만 결혼해서 아이를 낳아 엄마가 되는 삶도 배제한 적이 없었다.

그런데도 괜찮은 남자를 만나지 못했고 서른에도 마흔에도 결혼을 하지 못했다. 당혹감에 빠진 여성들은 이구동성으로 외친다.

"오 마이 갓! 세상에! 나한테 도대체 무슨 일이 일어난 거야? 내가 왜 아직도 싱글인 거지?" 어느 순간 정신을 차려 보니 독신이 자신의 정체성으로 그만 기정사실이 되어 버린 것이다. 비혼의 삶을 단 한번도 목적의식적으로 꿈꿔 본 적이 없는데 결혼 없는 중년이라는 삶이 가랑비에 옷이 젖듯 슬그머니 찾아온 셈이다.

그렇다고 해서 이 친구들이 결혼하고 싶은 욕망을 접은 것은 아니다. 올해 마흔둘인 친구는 좋은 남자만 있다면 늦게라도 결혼하고 싶다고 말했다. 애는 낳기 어렵겠지만 결혼은 하고 싶다는 것이다. 마흔넷 돌싱 친구는 할 수 있다면 선을 봐서라도 재혼하고픈 욕망을 숨기지 않는다.

올해 딱 마흔이 된 친구가 있다. 그녀는 자신이 이 나이가 될 때까지 혼자이리라고는 꿈에도 상상해 본 적이 없다고 했다. 물론 이십대에는 결혼보다 진로 고민이 우선이었기 때문에 결혼은 그다지 중요하지 않았다. 때가 되면 결혼하겠지만 결혼이란 커다란 책임이 뒤따르는 일이라 가정을 꾸려 정착하기 전에 혼자 힘으로 무언가를 성취하고 인생 경험을 쌓겠다는 욕망이 더 컸다. 삼십대에는 직업적 경력을 쌓고 다양한 경험을 넓히는 것에 치중했다. 서른다섯이 될 때까지도 결혼할 남자를 찾기 위해 열심히 노력하거나 따로 계획을 세워야 한다고 생각하지 않았다. 자신의 이상형이 저절로 나타날 줄 알았다. 그런데 그런 일은 절대 일어나지 않았고, 그녀는 어느새 마흔이 되었다. 친구의 형제자매들은 모두 결혼을 해서 자식이 있다. 그렇다 보니 명절이나 가족 모임이 있을 때마다 집에 가는 일이 곤혹스럽다. 뭔가 의기소침해지고 자신과 다른 형제를 비교하는 자신이 한심하게 느껴진다.

자신을 무슨 결격 사유나 결함이 있는 자식으로 아니면 안쓰럽고 불쌍하게 여기는 부모에게 화가 나기도 했다. 남의 속도 모르고, 주변에서 콧대가 높아서 그렇다, 자존심 좀 죽이라며 훈수를 둘 때마다 열불이 나고, 그럴 때마다 자신을 돌아보게 된다고 했다. 어쩌다 이렇게 되었을까. 생각할수록 의문이 든다고 했다.

하지만 선을 봐서 결혼하는 것은 내키지 않았다. 싫었다. 남들 다 하듯이 자연스레 연애를 해서 결혼으로 골인하고 싶었다. 그런데 이십대 소나기 같은 짧은 연애가 끝난 후 삼십대의 두어 차례 소개팅을 거쳐 지금에 이르러 버린 것이다. 친구는 씁쓸한 표정으로 웃으며 말했다.

"난 너처럼 혼자 살 만큼 독립심이 강하지도 않고, 비혼을 선택한 적도 없는데, 지금은 처지가 똑같아졌네."

나는 친구에게 무슨 말을 해 줘야 할지 몰라 그저 난감했다.


## 결혼은 싫지만 애는 낳고 싶다

한편 현재 삼십대인 친구들은 다들 결혼이냐 아니냐 선택해야 하는 기로에 서 있다. 가끔 친구들을 만나면 주위에 연애하고 싶은 남자가, 결혼할 만한 남자가 한 명도 없다고 푸념한다.

"도대체 괜찮은 남자는 다 어디로 갔을까? 그거 알아? 결혼하고 싶을 만큼 괜찮은 남자는 이미 남의 남자이거나 전부 스크린 속에 있거나 아니면 죄다 게이래."

　서로 실없는 농담을 던져 보지만 이내 울적해진다. 나 이대로 혼자 살아야 할까? 혼자 살아도 될까? 불안한 눈빛으로 서로를 바라본다. 올해 딱 서른아홉인 친구는 결혼 없이 맞이할 사십대가 불안하다고 했다. 이 나이쯤 되었을 때 자신은 결혼해서 남편과 아이를 두고 살고 있을 줄 알았다. 싱글의 삶이 딱히 불만족스러운 건 아니지만 무언가 비어 있는 것 같은 외로움을 지울 수 없단다. 혼자 늙어 갈 자신이 없어, 결혼을 해야만 삶에 안정감이 생길 것 같다고.

　이삼십 대에는 비혼의 삶에 크게 만족했지만, 마흔 언저리에 서둘러 결혼한 친구들이 있다. 결혼과 동시에 임신을 한 친구도 있고 임신한 걸 알고 부랴부랴 결혼식을 올린 친구도 있다. 나는 삼십대 중반까지도 비혼을 유지하며 느긋해하던 친구들이 마흔을 앞두고 별안간 번갯불에 콩 볶듯 결혼하는 걸 보면서 일명 '아홉수'라는 속설을 떠올렸다. 21세기에도 여성들은 '결혼 적령기' 또는 '가임기'를 넘기지 말아야 한다는 무언의 압박감 또는 불안감에 쫓긴다. 90년대나 2000년대 여자들이 스물아홉을 넘기지 않고 서른 전에 결혼하는 게 목표였다면 지금은 서른아홉을 넘기지 않고 마흔 살이 되기 전에 결혼해야 한다는, 마치 주문 같은 강박관념에 시달리는 듯하다. 마흔한 살에 본인의 표현대로 결혼을 "후딱 해치운" 또 다른 친구는 더 나이 먹으면 도저히 애를 낳을 수 없을 것 같아 결혼을 '감행'했다고 털어놓았다. 애만 아니었으면 결혼 생각이 없었을 거라고 덧붙였다.

　대한민국은 결혼한 남녀로 구성된 이성애 커플과 그 사이에서 태어난 자식만을 '가족'으로, 법적으로나 사회적으로 '정상'이라 간주한다. 반면 정상가족을 제외한 모든 가족 형태를 비정상이거나 문제가 있는 위기 가족으로 규정한다. 동거 가족이나 비혼 가족, 동성 커플, 미혼모 부 같은 한부모는 법적으로나 제도적으로 사회적인 인정을 받지 못하는 것이다. 결국 결혼 제도 밖의 가족은 복지, 의료, 주거, 노동 문제 등 거의 모든 것에서 엄청난 불이익과 차별을 받는다.

만일 동거 퍼플이 결혼하지 않은 채 아이를 낳는다면, 동성 커플이 아이를 낳거나 입양하고자 한다면, 비혼으로 혼자 출산과 육아를 원하는 여성이 있다면, 그는 한국 사회에서 온갖 제도적 차별, 억압과 아울러 사회적 편견이라는 이중 삼중의 장애물과 맞닥뜨려야 할 것이다. 미혼모 가족이나 동성 커플이 사회적으로 정상가족과 동등한 대우를 받는 것은 아직 서구에서나 가능한 판타지, 꿈같은 남의 나라 이야기다.

비혼 싱글 여성들이 만혼을 결심하는 이유에는 여러 가지가 있는데, 그중 큰 이유 둘을 꼽는다면 임신과 출산이다. 한국 사회에서 애를 낳아 키우고 싶은 여성은 결혼을 제외하고는 다른 선택지가 없기 때문이다. 결혼은 싫지만 애는 낳고 싶은 친구들이 있다. 하지만 아빠 없이 여성의 엄마 되기를 인정하지 않는 사회, 남성 우월주의가 강고한 대한민국 가부장제 사회에서 결혼이 아닌 형태로 가족을 꾸리고 싶은 여성들을 위한 자리는 존재하지 않는다. 결혼을 통하지 않고 아이를 낳아 엄마로 산다는 것은 마른 짚을 지고 불구덩이에 뛰어드는 격이다. 따라서 애를 원하는 여성이라면 비혼을 주저할 수밖에 없고, 결혼을 원치 않는 여성은 애를 포기할 수밖에 없다.


## 결혼을 유예한 상태가 '비혼'은 아니다

그렇다면 자발적 비혼을 선택한 페미니스트 여성들은 좀 더 자유롭고 당당하게 살고 있을까? 궁금했다. 주위를 둘러보니 꼭 그렇지만도 않은 것 같다. 스스로 선택한 삶이니 당연히 만족감이 더 높아야겠지만, 미래에 대해 막연히 불안해한다는 점에서는 '어쩌다 비혼'과 다를 바가 없어 보인다. 둘 다 경제적 빈곤과 노후를 걱정하며 불안에 시달린다.

비혼의 삶을 불안해하는 여성이 많은 건 왜일까. 뭣보다 주변에서 비혼으로 살아가는 여성을 보고 자란 적이 별로 없어서다. 젊은 비혼 여성들은 결혼이 아닌 상태로 중년이 된 여성 혹은 노년의 여성을 흔히 보지 못했을 것이다. 싱글로 살고 있는 중년, 노년 여성들이 있다 한들 그들은 드러내 놓고 목소리를 높이지도 않을뿐더러 눈에 잘 띄지도 않는다.

불안해하는 또 다른 이유는 결혼 없는 삶이 어떤 것인지 구체적으로 생각하거나, 중년 이후 비혼의 삶을 적극적으로 상상해 보지 않아서다. 상상은 구체적이어야 한다. 막연할수록 불안해진다. 2, 30대엔 '결혼하지 않아도 돼', '결혼하지 않겠어'라고 결심하기 쉽다. 하지만, 정작 그 선택이 가져올 미래가 어떨지 적극적으로 고민하지 않는다면 비혼을 선택한 후에도 방황은 계속된다. 비혼이라는 미래를 살고 있을 자신에 대한 구체적인 상이 없으면 정체 모를 불안과 두려움이 가시지 않는다.

따라서 중년, 노년의 비혼을 전혀 생각해 본 적이 없거나 굳이 생각지 않는다면, 이런 비혼은 사실 '결혼 전'의 비혼이 될 가능성이 크다. 결혼할 적당한 짝이 나타나기 전까지, 경제적 안정을 구축할 수 있는 배우자를 만나기 전까지만 비혼인, '잠정적 미혼' 상태인 것이다.

그럴 경우 '엄마처럼 살지 않겠다'고 선택한 비혼이 단지 '남자 없는' 인생으로 사는 시간만 연장하는 결과를 낳을 수도 있다. 결혼과 상관없이 여성은 한 명의 개인으로서 '완전한 인간'이라는 자각이 없다면, 비혼의 삶은 방황과 불안정 그 자체가 된다. 스스로 삶의 주체로서 비혼이라는 시간을 적극적으로 살아가는 것이 아니라면 비혼은 오히려 결핍만 가중시킨다. '남자 또는 남편 없는 여자의 인생은 반쪽짜리 인생'이라는 관념이 무의식을 지배하는 한, 여성들은 비혼을 선택하더라도 결혼 이데올로기에서 결코 자유로워질 수 없다.

비혼의 삶을 잘 살기 위해서는 '나는 결혼하지 않을 거야' 또는 '나는 결혼을 포기했어'가 아니라 '나는 내 삶을 이렇게 꾸려 가겠다'가 전제가 되어야 한다. '결혼 아니면 비혼'이라는 양자택일 역시 결혼을 전제로 놓고 보는 생애 주기다. 결혼이냐 아니냐라는 이분법에서 벗어나 발상을 바꿔 보는 것은 어떨까. 결혼이 사라진 사회를 상상해 보는 것이다. 만일 결혼이 존재하지 않은 사회가 있다면 그 사회에서 여성들은 어떻게 사랑을 하고 어떤 삶을 꾸려 갈까. 아마도 주체적인 인간으로서 자신의 삶 그 자체에 충실하지는 않을까.

결혼이 인생의 종착점이 되지 않는 비혼의 삶을 사는 여성일수록 결혼이 아닌 상태를 긍정할 수 있는 자세가 필요하다. '페미니스트 비혼'이든 '어쩌다 비혼'이든 간에 비혼인 상태를 자신의 정체성으로 받아들이는 마음가짐이 필요하다. 시간을 허비했다고 후회할 것이 아니라 비혼으로 살아오고 살아 낸 시간을 소중히 여길 수 있어야 한다. 비혼이라는 시간을 '나'라는 사람을 만들어 온 내 삶의 역사로 존중할 때 비혼의 삶이 충만해지는 것이다. 그래야만 앞으로 비혼으로 살아갈 시간 또한 긍정할 수 있다. 비혼으로 사는 이들에게 가장 중요한 것은 미래를 유예하는 것이 아니라 지금까지 비혼으로 살아온 시간과 살고 있는 오늘의 일상을 소중히 여기는 태도다.

## 비혼이 죄입니꽈? 저출생이 여자 탓입니꽈?

한번은 술자리에서 한 남자가 내게 물었다. 공교롭게도 여자는 나 뿐이었다.

"결혼해서 애 낳고 싶지 않아요? 안 낳으면 나중에 후회 안 할 자신 있어요?"

기가 막혔다. 아직 오지도 않은 미래에 대해 후회하지 않을 것까지 미리 증명을 해야 하나. 헛웃음이 나왔다. 내가 반문했다.

"여자면 왜 전부 애를 낳고 싶어 할 거라 생각하죠? 자궁이 있다고 모두 애를 원하는 건 아닙니다. 저는 그런 모성애가 없을뿐더러 비육 아 체질입니다."

그러자 순간 분위기가 싸해지더니 남자들이 일순간 조용해졌다.

남자의 말은 여성에 대한 편견과 고정관념으로 가득 차 있었다. '세상의 모든 여자는 결혼해서 애를 낳고 싶어 한다 또는 낳아야 한다. 애를 원치 않는 여자는 여자가 아니다. 결혼도 안 하고 애도 없이 혼자 사는 여자는 고독하고 불행할 것이다.' 주위를 둘러보면 이처럼 단정 짓는 사람들 천지다. 첫 월경을 했을 때 어머니는 너도 이제 임신하고 엄마가 될 거라고 했다. 그럴 생각이 없다, 결혼할 생각이 없다고 하자 그런 말 하는 애들이 제일 먼저 간다고 했다. 애를 원치 않는다고 반박했더니 일단 낳아 보면 생각이 바뀐다며 장담했다. 도대체 무슨 근거로 그런 말을 하는 걸까. 주변 사람들 반응도 똑같았다. 여자가 애를 원치 않는다면 괴물 취급을 하거나 도저히 못 믿겠다며 의심의 눈초리를 보내거나 지구가 멸망이라도 할 듯이 호들갑을 떨었다.

하지만 나는 여성은 모성 본능이 있어서 누구나 자식을 낳고 싶어 한다는 말을 들을 때마다 딴지를 걸고 싶었다. 물론 아기라는 존재는 귀엽고 사랑스럽다. 아이들은 세상의 빛과 소금이다. 세상의 모든 아이는 그 존재만으로도 더없이 소중하다. 나는 사회 구성원으로서 세상의 모든 아이에 대해 일말의 책임감을 느낀다. 내가 낳고 키운 자식이 아니라도 아이들은 모두 내 아이와 다를 바 없다고 생각한다. 하지만 내 배로 낳아 키우고 싶은 마음은 전혀 없다. 나는 이 세상에 내 유전자를 남길 생각이 없다. 번식의 욕구가 생명체의 본능이라 할지라도 나는 인간의 이성으로 그 본능(?)을 거스르면서 살기로 했다.

## 모성은 '가족'을 넘어서야 한다

모성은 위대하다. 만물의 싹을 틔우고 만물을 돌보고 가꾼다. 어리고 약하고 병들고 아픈 존재에 공감하고 그 존재들을 포용한다. 이타적 연민과 조건 없는 사랑을 베푼다. 그러나 한국과 같은 가부장제 사회에서 특히 남성들이 찬양하는 '모성 본능' 또는 '모성애'란 여성이 오직 제 핏줄과 가족만을 위해 헌신하는 사랑, 지극히 이기적인 애착을 뜻한다. 임신·출산·육아에만 올인하는 모성은 모성이 아니라 '모성 애착'이다. 이것은 사회적 제도로 여성에게 희생을 강요하는 기만적인 '모성애'다. 이 사회는 모성을 철저히 이성애 결혼 제도 안에 가두고 '가족을 위한 사랑'으로만 한정시켰다.

이런 왜곡된 '모성애'만을 신성시하고 절대시할 때 자식이 없는 기혼 여성, 미혼모 여성, 비혼 여성, 레즈비언 여성 등 수많은 여성의 다양한 모성은 억압되고 부정당한다. 이들은 결혼하지 않아서 또는 결혼했음에도 애를 낳지 않거나 못 낳는다는 이유로 차별·배제당하며, 모성 또는 모성애가 없는 여성이라는 낙인이 찍힌 채 편견과 비난에 시달린다. 심지어 그녀들의 존재마저 지워지고 삭제된다.

그러나 모성은 결혼 여부와 자식 유무로 결정되는 것이 아니다. 이성애자 남녀 간의 로맨스만이 사랑의 전부가 아니듯, 가부장제 결혼 제도 안에서 한 남성의 핏줄로 인정되는 자식을 낳아 키우는 것만이 모성의 전부는 아니다. 모성은 비단 가족 제도 안에만 국한되지 않는다. 이는 모성의 의미를 축소하고 왜곡시키는 것이다.

좋은 부모라면 자기 자식을 양육하는 개인적 책임뿐만이 아니라 이기심과 탐욕으로 세상을 피폐하게 만드는 현실에도 사회적 책무를 느껴야 한다. 그렇지 않다면 그것은 '가족 이기주의'다. 한국 사회의 가족 이기주의와 왜곡된 모성 애착에서 벗어나려면 모성은 가족이라는 울타리를 넘어서 전 사회에 대한 이타적인 책임감으로까지 넓어져야 한다. '가족 중심의 사랑'을 모두를 위한 '인류 공동체적 사랑'으로 확장해야 한다. 이 세상에는 혈연과 가족의 울타리를 넘어서 위대한 모성을 펼치는 여성이 아주, 아주 많다는 사실을 잊으면 안 된다.

## 나의 몸은 나의 것

이 사회는 여성들에게 애를 낳으라고 강권한다. 한 남성은 내게 여성이 아이를 낳아야 하는 이유로, 아이를 낳아 사회에 보탬이 되는 인간으로 키우는 것이야말로 나라를 위하는 길이기 때문이라고 했다. 지금껏 들은 가장 황당한 이유였다. 맞다. 부모가 되어 자식을 키우는 데 헌신하는 것은 그 자체로 아름답고 위대한 일이다. 하지만 처음부터 나라를 위해서 애를 낳는 여자가 과연 몇이나 될까. 그는 여성의 출산과 육아를 한 개인의 소중한 선택이라기보다 국가를 위해 복무해야 하는 일들 중 하나로 여기고 있었다. '그러는 당신이 임신하고 애 낳습니까? 내 몸이 당신 겁니까?!' 이 말이 목구멍까지 치밀어 올라왔다. 불쾌하기 짝이 없었다.

그의 발언에 나는 정부의 '출산장려금' 정책을 떠올렸다. '애 낳으면 국가에서 돈 더 준다'는 식의 시혜적 발상. 그런데 그 돈 몇 푼에 전 인생을 걸 여성이 도대체 몇이나 될까. 그런 정책은 여성의 출산을 개인의 권리가 아니라 남성의 소유 곧 국가의 소유로 간주해 통제하는 전체주의적 사고에서 비롯된 것이다. 임신 중단을 여성 주체의 선택이 아니라 남성(국가)의 허락을 받지 않은 낙태로 범죄 취급하는 것과 일 맥상통한다. 심하게 표현하면 여성의 몸을 국가(남성)가 관리하는 가축처럼 여기는 것이다.

남성들은 자신이 임신·출산의 주체도 아니면서 어느 여성의 몸이든 참견하고 요구할 자격이 있다는 듯 발언하고 행동한다. 담배 피우는 여성에게 미래에 낳을 애를 생각해서 담배를 끊으라고 종용하는 것을 마치 여성을 위한 배려라고 착각하는 것이 한 예다. 그런데 이런 오지랖은 남성의 권리가 아니라 여성의 권리 즉 개인의 권리를 침해하는 행위다. 여성을 존중하거나 보호하려는 의도라고 강변해도 마찬가지다. 세상의 모든 여성을 자신보다 약하고 열등한 존재로, 그래서 남자의 도움 없이 살 수 없는 존재로, 남성의 소유물로 간주하지 않고는 나올 수 없는 발상이다. 진실로 여성을 자신과 같은 인격체로 존중한다면, 여성을 남성과 동등하게 여긴다면 엄연히 타인인 개인의 선택에 대해 감 놔라 배 놔라 간섭할 수 없다.

## 개고생은 나 하나로 족하다

2000년대부터 '저출산'이라는 말이 오르내리기 시작했다. 하루가 멀다 하고 언론에서는 저출산 고령화가 초래할 암울한 미래를 진단한다. 그리고 저출산의 원인으로 항상 지목되는 것이 젊은 남녀의 '비혼'(!)이다. 한때 인터넷 실시간 검색어에 '싱글세'가 1위를 차지한 적이 있다. 보건복지부 관계자가 어느 자리에서 한국의 저조한 출산율을 높이기 위해 결혼하지 않은 젊은 남녀 1인 가구에 세금이라도 물려야겠다고 망언을 했던 것이다. 그 바람에 일명 '싱글세' 논란이 일어났다. 이 사건은 해당 관료의 해명으로 일단락되었지만 웃어넘기기에는 너무 찜찜했다. 비혼 1인 가구에게 '세금을 물려서라도' 대목에서는 뒷덜미가 서늘해졌다. 이 사회의 기성세대가 1인 가구 비혼인들을 어떻게 바라보는지가 여실히 드러난 차별적인 발언이라 느꼈기 때문이다.

한편 TV에서 한 60대 남성 연예인이 여자들이 애를 낳지 않아서 우리나라에 저출산 현상이 일어난 거라고 막말을 한 적도 있었다. 한 술 더 떠 페미니즘에 물든 비혼 여성들 때문이라고 페미니스트들을 비난하고 여성 혐오를 조장하는 남성들도 늘고 있다. 인구가 줄고 아이가 태어나지 않는 이유를 싸잡아 여자, 여자, 모두 여자 탓으로 돌리는 것이다. 대한민국에서 페미니스트는 '빨갱이'와 동의어다. 애를 배고 낳는 모체라는 것만으로도 여자는 죄인이다.

그러나 국가의 산술적인 출산율을 높이기 위해, 인구수를 불리기 위해, 단지 숫자를 위해 애를 낳을 여성은 이제 아무도 없다. 세계에서 유례가 없을 정도로 급속하게 인구절벽 현상을 보이는 대한민국의 초저출산율을 높이겠다고 정부가 이러저러한 유인책을 내놓았음에도 효과가 미비할 수밖에 없는 이유다. 지난 10년 동안 100조를 쓰고도 출산율이 올라가지 않았다면 완전히 실패한 정책이다. 예산은 예산대로 썼지만 성과가 전혀 없다면 접근 방식 자체에 문제가 있는 것이다.

'인구가 곧 국력이며 애를 낳지 않으면 나라가 망한다'는 식의 공포를 조장하거나 '나라를 위해, 사회를 위해 애를 낳아야 한다'는 애국팔이는 더는 젊은이들의 마음을 움직이지 못한다. 국가가 '나'를 위해 해 주는 것이 하나도 없는데, 나만 '국가'를 위해 '나라를 사랑하는 마음'으로 애를 낳아야 한다고? 이 무슨 쌍팔년도 개그 같은 소리인가. 솔직히 나를 행복하게 해 주지 못한다면 그 국가마저 바꿀 수 있다고 생각하는 마당에!

'애는 일단 낳으면 제 먹을 복을 타고 난다'는 기성세대의 말에 젊은 세대는 이렇게 대꾸한다. '주린 배를 채우는 것만으로도 행복하던 시절은 당신들 시대에, 바로 당신들 때문에 끝장이 났다'고. 대한민국은 극단적인 부익부 빈익빈 사회다. 이제는 굶주림과 추위를 면하는 것만으로는 아이를 제대로 키울 수 없다. 절대적 빈곤이 사라진 자리에 '상대적 빈곤'이 더 크게 자리 잡았기 때문이다. 정의도 없고 복지도 없는 '헬조선'에선 돈 없고 평범하게 태어난 게 우라질 '죄'다. 그러므로 이런 개고생은 나 하나로 족하다. 나 같은 운명을 미래의 자식에게 대물림하고 싶지 않다.

## 애를 낳지 않는 건 원인이 아니라 결과다

대한민국은 지금 '출산 파업' 중이다. 저출산 현상은 결혼하지 않겠다, 애를 낳지 않겠다는 여성들의 아우성이자 절규다. 그런데 '저출산'이라는 말에는 출산을 담당하는 여성에게만 모든 책임을 전가하려는 의도가 숨겨져 있다. 저출산이 문제가 아니라 아이들이 적게 태어나는 '저출생'이 문제다. 실상 아이가 태어나지 않는 것은 대한민국 사회 전체의 복합적인 이유가 원인이건만 출산을 담당하는 여성의 탓으로 돌려 문제의 본질을 흐리는 것이다. 그러나 애를 낳지 않는 여성들은 문제의 원인이 아니라 그 결과다. 여성이 애를 낳고 싶지 않거나 낳고 싶어도 포기한다면 여성을 비난하기 전에 왜 그래야 했는지 여성들의 이야기를 들어야 하는 것이다. 다짜고짜 여성을 탓할 문제가 아니다.

무엇보다 아이러니한 것은 아이를 낳아 키우고 싶은 여성들조차 사지로 내몰고 있는 한국의 현실이다. 20년 전이나 지금이나 안을 들여다보면 여성의 삶은 그다지 달라지지 않았다. 21세기 한국의 젊은 여성들은 전 세대들에 비해서도 고학력자가 대부분이다. 하지만 대한민국에서 여성의 사회적 지위와 평등 지수는 과거와 비교해서 나아진 것이 하나도 없다. 대한민국이 극도의 근본주의 종교국가인 아프가니스탄 같은 나라와 다른 점이 있다면 교육 수준과 임금이 극단적으로 반비례한다는 것이다. 한국 여성 대다수는 고학력자인데도 임금 시장에서는 하위권에 포진돼 있다. 더구나 여성은 항상 폭력의 위험에 노출되어 있다. 경제력이 있는 부르주아 중산층 전문직 여성이라 할지라도 가정폭력과 성폭력의 위험에서 결코 자유롭지 않다. 슬프게도 젠더의 문제에서 여성은 언제나 남성의 식민지다. 한국 사회에서 여성은 단지 '여성'이라는 이유로 사회 곳곳에서 불합리한 성차별을 일방적으로 감내해야 한다.

이처럼 성차별 구조가 강고한 대한민국에서 여성들은 임신과 출산을 미룬다. 유능한 직장인에 좋은 아내, 좋은 엄마, 착한 며느리까지 되어야 하는, 슈퍼우먼, 슈퍼맘이 되어야 하는 현실에서 이제 여성들은 결혼 자체를 의심하고 검토하고 보류하고 있다. 결국 애를 낳아 기르고 싶은 욕망마저 억누르고 포기하는 것이다. 자녀를 원하지만 낳지 못하는 이들의 한결같은 이야기는, 이 나라는 아이를 키울 수 있는 환경이 아니라는 것이다. 미친 집값과 치솟는 교육비, 독박 육아, 경력 단절, 유치원 대란, 미혼모와 같은 결혼 밖 출산에 대한 낙인, 복지 안전망 미비, 아동 성폭력 등이 해결되지 않는, 여성과 아이들이 안전하지 않은 사회라는 거다. 그렇다면 평범한 젊은 남녀의 욕망을 좌절시키고 거세하는 이 사회, 애를 낳고 싶어도 낳을 수 없게 만드는 한국 사회가 더 큰 문제 아닐까.

여성이 행복하지 않은 사회에서는 결과적으로 남성도 행복하지 않다. 여성은 임금노동 현장에서 차별받고 배제되며, 남성은 장시간 노동으로 착취당하면서 가정과 육아에서 분리되고 소외되는 지금의 구조에서는 남녀 누구도 행복하지 않다. 여성이 아이를 낳고 엄마가 되어도 일터와 가정에서 이중 노동으로 소외되고 차별받지 않을 때, 일하는 남성이 애 키우고 살림하는 아빠가 되는 삶을 전 사회가 함께

지지할 때에라야 여성의 행복을 운운할 수 있다. '저녁이 있는 삶'이 남녀노소 누구에게나 주어지고 복지와 노동이 균형을 이루는 사회를 만들려는 노력이 선행되지 않는 한, 한국 사회의 근간인 노동·교육·문화 등의 제도 전반을 바꾸려는 거대한 움직임이 일어나지 않는 한, 대한민국에서 아이들이 맘껏 뛰어노는 미래는 요원할 것이다. 여성의 삶의 질이 나아지지 않는다면, 성평등한 사회로 나아가지 않는다면, 한국에서 저출산 문제는 결코 해결되지 않을 것이다. 저출산의 책임을 여성과 비혼인에게 전가하며 비난하기 전에 아이를 낳아 마음 놓고 기를 수 있는 사회, 더 나아가 자식을 낳든 안 낳든 그에게 왜 낳지 않았느냐고 묻지 않는 사회를 만드는 것이 먼저다.

# 가진 것마저 탈탈 털린다니까요

오래전 학원 강사로 일할 때다. 출근한 지 일주일도 채 되지 않았다. 갑자기 선생들이 축의금을 걷었다. 어느 선생의 결혼식이라는 것이다. 같은 직장을 다닌다 한들 내가 알지도 못하는 사람의 결혼식이었다. 나는 참석하지 않겠다고 했다. 그랬더니 축의금 걷는 일을 맡은 선생이 내게 일침을 놓았다. 불참해도 축의금은 내는 거라고. 반강요였다. 어이없었다.

"왜죠?"

대답이 걸작이다.

"나중에 선생님도 결혼하면 어차피 다 돌려받을 건데 뭘 그래요?"

그 말에 기분이 더 나빠졌다. 축의금이 적금 통장이라도 되나. 실소가 나왔다. 전 결혼 생각이 없으니 죄송하지만 해당 사항이 없네요. 나는 축의금도 내지 않고 결혼식에도 참석하지 않았다. 그 후로 다들 나를 아니꼬운 시선으로 바라봤다. 재수 없다, 밥맛이다, 사회생활에 문제 있다는 투로 뒤에서 입방아를 찧는다는 걸 알고 있었지만 그냥 모른 척했다.

그동안 뿌린 축의금이 아까워서라도 본전 뽑으려면 결혼해야겠다고 농담하는 친구들, 혼인 신고는 안 해도 식은 올려야겠다며 툴툴거리는 독신 친구들을 심심찮게 봤다. 그런 소리를 들을 때마다 머릿속에 떠오른 생각은 딱 하나였다. 결혼은 집안끼리의 비즈니스, 결혼식은 축의금 장사라더니, 사람들이 기를 쓰고 결혼식을 하고 남의 결혼식에도 꼬박꼬박 참석하는 이유가 설마 돈 때문인 건가?

가끔 동창이나 과거에 잠시 알고 지냈던 사람에게서 뜬금없이 연락이 올 때가 있다. 수년 만의 연락. 대개 이유는 뻔했다. 청첩장 발송. 결혼은 축하드리나 참석은 못하겠습니다. 정중히 그러나 대놓고 사양한다. 친분도 우정도 그 어떤 유대 관계도 없는데 단지 결혼식 자리를 채우고 축의금을 내는 '동원 대상'이 된다는 것 자체가 썩 기분 좋지는 않다. 뭣보다 속이 너무 뻔히 보이지 않는가. 게다가 한국의 예식장 문화는 오직 남들에게 보여 주기 위한 속물적인 비즈니스 행사 같아서 더 꺼린다. 이런 나를 다들 이상한 눈으로 쳐다본다. 남의 결혼식에 참석해야 나중에 자신도 하객으로 부를 수 있지 않느냐면서. 속으로 웃는다. 웨딩드레스 따위를 입고 아버지 손에 이끌려 남편 손으로 넘겨지는 결혼식은 상상을 해 본 적도 없는데 무슨.

## 왜 여성을 남성 밑으로 편입시키나

몇 해 전 어머니를 모시고 친척 결혼식에 간 적이 있다. 성인이 된 이후로는 일가친지들과 거의 왕래하지 않았다. 친척이란 누가 결혼하거나 죽어야만 한자리에서 만나 어색한 인사를 의례적으로 나누는 관계, 이웃보다도 더 먼 사이가 된 지 오래였다. 예식장에 마룬 파이브의 달달한 노래 〈Sugar〉가 울려 퍼졌다. 축사, 축가가 끝난 후 곧바로 비디오 상영이 이어졌다. 신랑 신부가 손가락 하트를 그리며 찍은 사진들로 만든 동영상이 스크린을 수놓았고 두 사람이 열렬한 연애를 거쳐 드디어 행복한 결혼으로 골인했다는 낭만적인 러브 스토리가 이어졌다. 거기까진 그럭저럭 참았다. 그런데 사회자가 신랑 신부에게 손을 잡아라, 뽀뽀를 해라, 양가 부모에게 인사를 해라, 이래라저래라 쉴 새 없이 지시를 하는 게 아닌가. 신랑 신부는 사회자가 시키는 대로 하느라 바빴다. 헉, 이게 결혼식이야 신병 훈련이야. 사회자는 한술 더 떠 신랑 신부와 양가 부모, 하객 모두에게 만세 삼창까지 시켰다. 으윽, 삼일절 독립운동이라도 재현하나. 예식장 결혼식만큼 적응하기 힘든 것도 없다. 쓸데없이 과시적이라는 점에서는 어느 결혼식이나 마찬가지였다. 결혼식은 이래야 한다는 전 국민이 애용하는 매뉴얼이라도 있나 보다. 눈살을 찌푸리고 있는데 어라, 옆에서 신랑 신부를 지켜보던 사촌언니가 평생에 한 번인 결혼식이라며 눈물을 찍고 있다. 풋, 헛웃음이 나왔다. 괜한 장난기가 발동해 "쯧쯧 평생에 한 번이면 후회할 텐데"라며 감상에 푸욱 젖은 언니에게 소금을 확 뿌려 주었다.

학창 시절 수업 시간에 친족 계보에 대해 배운 적이 있다. 생물학적으로도 종족 번식을 할 때 여성과 남성이 자식에게 공평하게 절반씩 유전자를 물려주는데 왜 아버지 핏줄만이 법적으로 사회적으로 인정되는가. 부당하다고 생각했다. 남자가 누군지는 몰라도 애를 배고 낳은 여자는 확실하니까 오히려 엄마 성을 따라야 하는 거 아닌가. 그게 안 된다면 적어도 부모 양쪽의 성을 다 쓰게 해야 하는 거 아닌가. 선생에게 이렇게 이의를 제기하자 선생은 '너 약 먹었니' 하는 표정으로 날 쳐다봤다. 말도 안 되는 소리라며 한국은 부계 사회여서 아버지 성을 따르는 게 당연하다 했다. 하지만 나는 순순히 동의할 수가 없었다. 의구심이 들었다. 아니 부계 사회가 왜 당연하다는 거지? 부계가 당연하다는 논리에는 누대에 걸쳐 만들어 온 어떤 속임수가 깃들어 있다고 생각했다.

동사무소에서 주민등록등본을 뗐을 때 처음 알았다. 충격을 받았다. 제일 위에 아버지 이름이 있고, 그 밑으로 엄마 이름 그리고 줄줄이 자식들 이름이 적혀 있지 않은가! 법은 너무나 분명하게 배우자와 자식이 아버지인 남자의 소유라는 걸 당당히 밝히고 있었다. 그때 내가 느꼈던 묘한 감정을, 그 기분 나쁨을 뭐라 표현할 수 있을지 모르겠다. 집 문패에 아버지 이름 석 자만 쓰여 있었던 이유도, 사람들이 항상 '네 아버지가 누구냐'고 물었던 것도, '아비 없는 자식'이 지상 최대의 욕이 되는 이유도, 하느님이 어머니가 아니라 '아버지'인 이유도 모두 아버지, 아버지, 아버지가 주인인 세상이었기 때문이다. 가부장제 사회라는 건 그런 것이었다. 그때부터였는지 모른다. 누군가와 함께 살 수는 있어도 남자의 이름 밑으로 편입되는 삶은 살지 않으리라, 내가 주인인 삶을 살겠노라 결심한 것이.

## 여성이 남성 소유물임을 공식화한 제도

나는, 사랑하니까 결혼해야 한다거나 누군가와 살기 위한 절차로 결혼식이 필요하다고 생각하지 않는다. 내가 누군가를 사랑하고 살고 헤어지는 데 왜 남의 허락을, 사회의 승인을 받아야 하는가. 그 같은 규약과 제약이 매우 거추장스럽다. 오랜 시간 함께 살아온 커플이 있어도 그들이 '결혼'을 하지 않으면 법적으로나 사회적으로 인정하지 않겠다는 발상 자체에 몹시 거부감이 든다. 게다가 한국 사회에서 결혼은 모든 이에게 열려 있는 제도가 결코 아니다. 결혼은 '모두'가 당연히 하는 것이라는 그 모두에서 배제된 사람들, '남들' 다 하는 결혼의 그 남들에 포함되지 못하는 사람들이 있다. 만일 '누구나' 사랑하는 사람과 가정을 꾸리는 것을 국가와 사회가 승인하는 제도가 결혼이라면 오직 이성애자 남녀의 결혼만을 법적으로 허용하는 것은 기만이나 모순은 아닌가. 이성애자가 아닌 사람 역시 엄연히 세금을 내는 시민이자 국민인데 왜 그들은 결혼할 수 없는가. 결혼하고 싶어도 할 수 없는 사람들이 존재한다는 사실은 무엇을 의미하는가.

언어가 사람의 사고를 규정하듯이 절차도 사람의 인식 범위를 규정한다. 한국 사회에서 결혼이란 사회적 승인과 평판 유지를 위해 필요한 것이다. 두 사람이 살다가 헤어지면 그만일 문제도 결혼 당사자에게는 엄중한 계약 위반이 된다. 개인사에 불과할 것이 집안 간의 대사로 비화한다. 결혼 전에는 상견례부터 결혼식까지 서로의 경제력과 지위를 저울질하며 간을 보다가 이혼하게 되면 냉혹한 현금 청산만 남는 경우도 허다하다. 자식이 있을 경우에는 자식을 두고 급기야 소유권 분쟁까지 벌어진다. 게다가 이혼한 사람에게는 마치 '주홍글씨' 같은 꼬리표가 붙고 그것이 사람의 흠결이나 결격 사유처럼 따라다닌다. 어쩌면 이혼에 대한 편견도 사실 결혼이 있어서 생기는 것일지 모른다. 사랑해서 결혼한다지만 사랑은 실종되고 결혼 제도 자체에 목을 매는 상황도 벌어진다. 주객전도다.

결국 제도, 제도가 문제다. 결혼에는 절차와 제약이 겹겹이 쌓여 있다. 결혼 제도라는 것도 시대라는 역사성을 벗어날 수 없다. 결혼의 형태와 의미, 가족 구성은 시대의 필요에 따라 계속 변한다. 그러므로 어떤 형태의 결혼이든 간에 정치, 경제적인 맥락을 뺀 '순수한' 결혼은 존재하지 않는다. '사랑하니까 결혼한다'는 자유연애와 '결혼은 신성하다'는 관념 역시 근대의 발명품이다. 봉건제 사회의 일부다처제와 대가족 제도가 자본주의하에서는 일부일처제와 핵가족으로 진화한 것이다.

특히 일부일처제 결혼은 근대 자본주의에 최적화된 형태다. 일부일처제는 죽을 때까지 한 사람만을 사랑하고 무엇보다 그 사람하고만 독점적이고 배타적인 성적 관계를 맺겠다는 계약이다. 하지만 그게 과연 가능한가? 솔직히 배우자의 성을 평생 배타적으로 소유한다는 발상은 불가능을 꿈꾸는 판타지라고 생각한다. 배타적인 사랑은 결속이라기보다 구속, 이타성이 아니라 이기성에 기반하고 있는 것이다. 실상 사랑과 결혼은 아무런 관련이 없다. 가부장제 결혼 제도는 오히려 사랑의 무덤이자 섹스의 종말이다.

본질적으로 가부장제 사회의 결혼은 아내와 자식이 남성의 소유물임을 사회가 법적, 경제적으로 공식화하는 제도다. 배우자의 외도 또는 이혼으로 일부일처제 서약이 깨졌을 때 배우자가 보이는 질투와 분노 그리고 특히 남편들의 폭력은 소유권 주장의 다른 이름이다. 가부장 남성들은 아내와 자식에 대한 소유권이 누구에게 있는지를, 누가 여성의 몸과 섹슈얼리티를 지배하는지를 주먹으로 보여 준다. 수많은 남성이 아내를 통제하고 폭행하고 살해하는 이유, 그 무의식의 깊은 밑바닥에는 여성을 자신의 소유물로 간주하는 가부장제의 뿌리 깊은 남성 우월주의가 있다.

가부장제의 결혼 제도는 남성 우월주의를 더욱 공고히 세습한다. 게다가 결혼의 배타성과 독점적 성격은 여성보다 남성에게 더 큰 이득을 준다. 이 사회에서 성적 자기 결정권은 남성에게 '권리'가 아니라 언제나 '기득권'이었다. 일례로 남성은 결혼을 했든 안 했든 성적 자기 결정권을 전혀 침해당하지 않는다. 이성애자 남성은 언제나 성적으로 해방된 '인간'이며 '주체'였기 때문에 결혼이 그들의 성적 자유를 거세하지도 억압하지도 않는다. 예를 들어 남성의 외도/불륜, 심지어 성매매조차도 남성의 본성이나 일시적인 일탈 또는 남성성의 과시로 당연시된다. 멀리 갈 것도 없다. 우리 주변에서 얼마나 많은 기혼 남성이 일부일처 서약을 위반하는지, 얼마나 빈번하게 배우자가 아닌 여성들과 섹스를 하는지 떠올려 보라.

만먼 여성이 불륜에 외도를 일삼은 경우에는 어떤가. 여성이 남성처럼 자신의 성적 욕망을 남김없이 실현한다면? 감히 남성과 동등한 성적 자유를 누리고자 한 대가로 가부장제 질서를 교란시킨 불온한 존재로 낙인찍히고 비난과 멸시를 받으며 사회에서 추방될 것이다. 여성의 성과 섹슈얼리티를 남성이 소유, 보호해야 할 무엇으로, 여성을 남성보다 열등한 존재로 간주하는 가부장제 사회에서는 성적 자기 결정권을 쥔 주체적인 여성은 바로 남성의 기득권을 위협하는 존재이기 때문이다.

가부장제 사회에서 성과 섹슈얼리티는 이처럼 성별과 젠더에 따라 차별적으로 작동한다. 가부장제 사회에서 여성은 권리는 고사하고 '책임'만 요구받는다. 더욱이 결혼한 여성에게는 남성과 동등한 성적 권리를 누릴 자격이 주어지지 않는다. 성적 자기 결정권은 여성 자신에게 있는 것이 아니라 배우자인 남편에게 있다. 여성을 남성의 소유물로 간주하는 가부장제에서 여성의 섹슈얼리티는 여성 스스로가 누리는 권리가 아니라 남성의 허락을 받아야 하는 남성의 권리다. 이 같은 성차별적인 이중 잣대는 여성을 아내와 어머니라는 역할과 의무에만 가두는 동시에 여성이 자신의 성욕을 검열하고 성적 자유를 억압하도록 한다. 여성들이 남편이 외도했을 때 남편보다 상대 여성을 더 맹렬히 비난하고 공격하는 이유다. 가부장제는 남성이라는 한쪽 성만으로 유지되는 것이 아니다. 결혼과 가족은 신성불가침이라는 가부장제 이데올로기에 세뇌된 여성들은 가부장제의 피해자이면서 가부장제를 옹호하는 가해자가 된다.

## 남성에게는 덤, 여성에게는 가진 것마저
## 탈탈 털리는 것

길에서 우연히 '여자에게는 결혼이 인생의 성공이며 전략'이라는 카피를 내건 결혼정보회사 광고판을 보았다. 아직도 여자의 인생이 결혼으로 '완성'된다는 시대착오적인 유행가를 읊고 있다니. 놀라웠다. 그런데 말이다. 여자는 결혼으로 도대체 무엇을 완성할까? 완성하는 거 없다. 하나부터 열까지 시작일 뿐이다.

가부장제 사회는 여성에게 결혼이 곧 인생의 완성이라는 결혼 이데올로기를 끊임없이 주입한다. 그런데 이 같은 낭만적 연애-결혼 이데올로기는 핑크빛 환상을 실현하려면 사회, 경제적 배경이 있어야 가능하다는 사실을 쏙 빼놓는다. 자본주의 미디어에서 끊임없이 반복, 재생산하는 완전무결한 결혼에 대한 이미지, 완벽한 아내와 엄마, 거기에 직업적 성공까지 거머쥔 슈퍼우먼의 이미지 뒤에는 자본의 뒷받침, 즉 경제력, 돈이 필요하다는 사실 말이다. 부르주아 금수저 부모를 둔 운 좋은 여성이 아니라 돈 없고 가난하고 평범한 '82년생 김지영(들)'의 인생에서 결혼이란 성공은커녕 (심하게 표현하면) 폭망의 시작이다. 어디 82년생뿐인가. 72년, 92년생 김지영도 마찬가지다. 62년, 52년생 김지영은 지금보다 더 살기 어려웠다.

결혼하면 여자는 모든 게 바뀐다. 남자에 비해 포기할 게 너무 많아진다. 특히 삼사십 대 여성들은 자신의 직업적 경험을 쌓으며 일터에서 한창 성과를 내기 시작할 때, 가정이냐 경력이냐를 두고 저울질해야 한다. 행여 애라도 낳으면 인생이 백팔십도 달라진다. 가사와 육아가 전적으로 여성의 일로 규정되는 한국 사회에서 자식을 둔 여성은 과거의 자신과는 영원히 안녕이다. 여성들은 서로 다른 가정환경과 직업을 가졌다 해도 바로 '여성'이기 때문에 '독박 육아'와 '경력 단절'이라는 현실을 피해 갈 수 없다. 노동자이면서 엄마인 여성들은 하루에도 수십 번 머리를 굴리면서 가정과 일 사이에서 위태로운 줄타기를 한다. 그러다 더는 버티기 어려우면 울며 겨자 먹기 식으로 직장을 포기할 수밖에 없다. 독박 육아를 감수한 여성들이 다시 일터로 돌아갔을 때 이들에게 제공되는 일이란 대부분 비정규직 저임금 노동뿐이다. 질 좋고 임금이 높은 일자리는 여전히 남성들 차지다. '아내, 엄마, 며느리'라는 역할과 의무의 굴레가 세상과 여성 사이를 철저히 단절시키는 것이다.

한국 사회에서 아이를 둔 기혼 여성이 가정을 꾸리면서 직업적 경력까지 이어 가기는 평범한 여성들에게는 여전히 허락되지 않는 삶이다. 가사와 육아가 여자만의 몫인 사회에서 여성은 직장과 경력 단절 아니면 직장과 아이 중 하나를 선택해야 한다. 사실상 둘 중 하나를 포기하라고 강요받는 폭력에 더 가깝다. 물론 젠더라는 사회적 한계를 뚫고 성공한, 말 그대로 잘나가는 기혼 여성들이 있긴 하다. 하지만 이들은 대단히 용기 있고 의지가 굳은, 운 좋은 극소수의 여성들일 뿐이다. 주위를 둘러봐도 20여 년 전이나 지금이나 평범한 대다수 기혼여성의 삶은 그다지 변한 게 없다.

반면에 남자는 결혼해도 변하는 게 별로 없다. 사는 데 별 불편함이 없다. 가부장제의 남성 중심주의는 결혼 제도에도 여실히 드러난다. 남성은 결혼 여부가 자신의 직업과 일에 영향을 미치지 않는다. 오히려 살림과 육아를 전적으로 도맡는 아내가 있기 때문에 부담 없이 경력을 쌓는 데 열중할 수 있다. 맞벌이 부부여도 남성은 가사와 육아라는 부담을 덜 지지만 여성에게는 바깥일에 집안일까지 더해진다. 남자에게 결혼은 원래 가던 길에 덤을 하나 얻는 것이지만 여자에게는 가던 길을 접어야 할 뿐 아니라 가지고 있던 것마저 잃어버리는 게 하는 것이다. 결과적으로 잃는 게 더 많은 선택지다.

한국 사회에서 결혼한 여성의 삶이란 아내로, 엄마로, 며느리로, 노동 기계로 희생과 헌신이라는 무한 책임을 지는 것이다. 이런 삶에 자기 자신 혹은 한 개인이 들어설 자리는 없다. "여자는 태어나는 것이 아니라 만들어진다"는 시몬 드 보부아르의 외침은 지금도 유효하다. '여자'의 자리에 '아내'와 '어머니'를 넣어도 마찬가지다. 성평등이 가정 안의 일상에 빛을 비추지 않는다면, 성별 고정관념을 타파하지 않는다면, 여성들이 가사노동과 임금노동이라는 이중 노동의 굴레에서 벗어날 방법은 없다.

'공주는 왕자와 결혼해서 오래오래 행복하게 잘 살았습니다'로 끝나는 모든 동화는 공주의 결혼 생활에 대해서는 아무 말이 없다. '오래오래 행복한 결혼'의 실체에 대해서는 그 누구도 입을 열지 않는다. 번갯불에 콩 볶듯이 결혼식을 끝내고 달콤한 신혼여행도 막을 내리고 먼 훗날 거울 앞에 선 공주는 '나'는 흔적도 없이 사라지고 '아내'와 '엄마'와 '며느리'만 달랑 남아 있는 자신을 보고서 화들짝 놀랄지도 모른다. 사랑과 헌신에 대한 맹세도 초과노동을 하는 현실 앞에서는 누렇게 빛이 바랠 수밖에 없다. 결혼은 결코 사랑의 완성이 아니라는 것을 확인시켜 줄 뿐이다. 결혼 제도가 얼마나 불평등하고 위선적인 토대 위에 세워져 있는지를 깨닫게 된다면 쉽사리 결혼을 선택할 여성은 없을 것이다.

# 그 남자도 양말을 찾아 달라고 했다

나는 가정불화가 끊이지 않은 집에서 자랐다. 부부 사이가 나쁜 가정에서 자란 나 같은 사람은 결혼을 부정적으로 생각하기 쉽다. 내가 결혼에 회의적인 까닭에는 부모의 불행한 결혼 생활을 보고 자란 탓도 있을 것이다. 하지만 똑같은 환경에서 자랐어도 사람마다 다르다. 우리 집만 해도 언니는 결혼을 했고 동생 역시 결혼을 원한다. 결국 같은 환경에 놓여 있더라도 어떻게 기억하느냐와 무엇을 선택하느냐가 차이를 만든다. 어쨌든 불행한 부부의 자식으로 태어나 결혼이라는 생활의 밑바닥을 그 이면까지 남김없이 꿰뚫어 볼 수 있었다는 건 차라리 행운이었다고 생각한다.

나는 연애 다음에 결혼 그리고 자식으로 이어지는 관계를 꿈꿔 본 적이 없다. 결혼 제도 자체에 근본적인 회의가 들었기 때문이고, 뭣보다 결혼을 통해서 자식을 낳아야만 가족을 꾸릴 수 있다는 것에도 거부감이 있었기 때문이다. 역설적이게도 연애나 결혼에 대한 환상이나 기대치가 없어서 사랑하는 데는 아무런 걸림돌이 없었다.

그동안 한국 남자와도 살아 보고 서양 남자와도 살아 봤다. 여러 차례 동거를 거쳤다. 한국 남자의 경우 사귀기 시작할 때는 가부장적인 본색을 드러내지 않다가 종국에 남녀가 유별하다고 선을 긋는 보수성 때문에 자연스레 멀어졌다. 상대적으로 성차별주의가 심하지 않은 외국인과 가까워졌고 그들의 개인주의적 성향이 내게는 훨씬 잘 맞았고 마음도 편했다. 나는 성별과 젠더가 달라도 각자가 동등하다고 생각했고 둘이 같이 산다고 해서 기존의 결혼과 가족 제도를 따라야 한다고 생각한 적도 없다. 그가 내 남편이거나 내가 그의 아내라고도 여기지 않았다. 뭣보다 제도가 우리 관계를 옭아매는 것을 원치 않았다.

하지만 몇 달을 보냈든 수년을 함께 살았든 간에 나와 동거했던 그 모든 남성은 그렇지 않았던 것 같다. 그가 꿈꾸는 미래는 내 생각과는 전혀 달랐다. 그는 우리의 관계가 바뀌기를 기대했다. 남들처럼 결혼식을 올리고 아이를 낳아 아버지가 되는 평범한 삶을 살고 싶다는 욕망을 내비쳤다. 그들은 내가 그의 아내로 아이를 낳아 엄마로 살아 주기를 바랐다. 하지만 그 삶은 내가 한번도 욕망한 적도, 기대한 적도 없는 삶이었다. 그가 나와 같은 세계관을 공유한 동반자일 거라고 생각한 것은 나만의 착각이었다.

## 자기 양말도 '안' 찾는 남자들

마흔에 내가 다시 혼자가 되었을 때 처음 들었던 느낌은 해방감이었다. 내 일상에서 남자를 치워 버린 후 솔직한 감상을 말하자면, 평화와 안식이 찾아왔다. 혼자가 되자 내 감정을 쓸데없는 곳에 분산하지 않고 온전히 나 자신과 일에 그리고 내 삶과 이 세계에 열중할 수 있었다. 물론 누군가를 사랑하고 책임지며 누군가에게 의지하는 관계가 무의미하다는 것은 아니다. 그것은 그 자체로 소중하고 인생이 충만해지는 경험이다. 사랑하는 이를 위해 헌신하는 것은 그 무엇과도 비교할 수 없는 아름다운 일이다.

하지만 날마다 꾸려 나가야 하는 자질구레한 일상은 다르다. 남자와 함께 사는 것은 너무 많은 출혈을 요구했다. 마지막으로 동거했던 그는 봉건적이고 보수적인 한국 남자도 아니고 여성과 남성의 차이는 육체적인 물리력의 차이 외에는 없다고 여기며 성평등을 지향하는 열린 사고의 소유자, 소위 선진국에서 날아온 서양 남자였다. 그는 다정하고 예의 발랐다. 아침에는 커피를 타서 건네고 제 옷을 다림질하며 제 먹은 걸 항상 설거지하는 사람이었다. 그럼에도 내가 뼈저리게 깨달은 것은 그 역시 별수 없는 일반 남성이라는 사실이었다.

마감에 쫓겨 미친 듯이 자판을 두드리고 있던 날이었다. 그가 내게 너무도 당연한 듯 물었다.

"내 양말 어디 있어?"

내가 대답이 없자 그가 또 물었다.

"내 양말은?"

그 순간 나는 폭발했다.

"그걸 왜 꼭 나한테 물어! 나 지금 일하는 거 안 보여?"

내가 일에 몰두하고 있는 것을 알면서도 천연덕스럽게 제 양말이 어디 있는지를 물어보는, 어린애처럼 양말을 찾아 달라 하는 그의 무신경함에 화가 치밀었다. 우리 관계에 금이 가기 시작한 것은 어쩌면 사소한 그 양말에서부터였는지 모른다. 그도 혼자 살았을 때는 양말을 어디다 벗어 두었는지 찾아보는 수고를 마다하지 않았을 것이다. 룸메이트와 살았을 때 역시 제 양말이 어디 있냐고 룸메이트를 채근하지 않았을 것이다. 그런데 희한하게도 이 남자들은 하나같이 여자와 살기 시작하면 찾아보지도 않고 제 양말이 어디 있는지를 여자에게 묻기 시작한다. 여자가 제 물건을 당연히 챙겨 주리라고 기대한다. 어린 시절 끊임없이 잔소리를 늘어놓으면서도 양말과 신발, 가방을 꼼꼼하게 챙겨 주던 엄마처럼 말이다.

하지만 나는 그의 엄마가 아니다. 나는 옷장에 그의 옷이 몇 벌인지 그가 양말을 어디에 벗어 놓는지 모른다. 한번도 신경 써 본 적이 없다. 그건 그가 알아서 챙겨야 하는, 그가 할 일이다. 처음에는 그가 나보다 돈을 더 버니, 이 정도는 내가 하는 것이 당연하다고 생각했다. 정서적으로나 감정적으로 내게 기대는 것도 받아들였다. 그가 일상의 모든 것을 내게 의존하는 것 또한 동거하는 파트너로서 감수해야할 몫이라 여겼다. 그렇지만 날이 갈수록 피곤해졌다. 빨래를 개지 않는 그가, 욕실 바닥에 떨어진 제 머리카락을 줍지 않는 그가, 변기 청소를 하지 않는 그가, 내가 요리를 하지 않으면 으레 피자를 배달시켜 먹는 그가, 요리를 잘 못한다고 진심으로 미안해하는 그가 피곤해졌다. 그도 일상에서는 여성의 보살핌을 원하는 지극히 평범한 남성이었다.

제 양말을 찾을 줄 모르는 남자들, 척하면 여자가 알아서 가져다주기를 기대하는 남자들, 여자의 돌봄과 챙김을 당연시하는 남자들, 이야기 끝이 늘 결혼과 자식인 남자들. 매번 다른 사람과 살아도 똑같은 결론이 났다. 인종, 국적이 달라도 판에 박은 듯 하나같이 똑같았다. 이 남자도 역시 아내라는 이름으로 자신을 보살필 보조자를, 제 이름을 물려줄 자식의 어머니가 될 양육자를, 일상에서 끊임없이 집안일이라는 그림자 노동을 대신 해 줄 '여자'를 원하는 거라는 사실을 깨달은 순간 우리 관계는 완전히 끝났다.

사람마다 다르겠지만, 수년 동안 여러 남자와 동거하면서 나는 이렇게 결론 내렸다. 하나부터 열까지 자잘한 일상을 여자에게 의존하는 남자들과 같은 집에서 생활을 공유한다는 건 에너지 소모이자 시간 낭비다. 사랑한다고 해서 결혼해야 할 이유도 없고, 사랑한다고 해서 두 사람이 한 집에서 꼭 함께 살아야 하는 것도 아니다.

## 보살핌, 돌봄은 학습된 것일 뿐

가부장제 사회는 여성에게 남성의 요구가 무엇이든 반응하도록 가르친다. 반대로 남성에게는 사사로운 일상에는 신경 쓰지 말라고 가르친다. 어려서부터 여자아이에게는 남자를 비롯해 타인을 보살피고 돌봐야 한다고 가르치는 반면 남자아이에게는 집안일이나 살림은 가르치지 않을 뿐 아니라 기대하지도 않는다. 남자는 집안일에 소홀하고 무관심해도 제 일에 열중하기만 하면 된다. 가부장제 사회에서 여성이 남자의 요구와 기대에 '여자'로서 반응한다는 것은 남자의 일상을 돌보고, 관리해 주는 것을 의미한다. 어느 가정이든 어머니, 아내, 딸 등 모든 여성이 남자인 아버지와 아들을 대신해 가사와 일상을 책임진다. 가정이 굴러가는 이유는 이처럼 여성들의 '보이지 않는 손'이 날마다 쉴 새 없이 노동을 하고 있기 때문이다.

반면 가부장제 사회에서 자란 남성들은 여성이라면 누구나 가족과 남성을 챙겨 주고 돌보고 싶은 욕구가 있고 남자의 요구에 즉각 친절하게 응대하리라 기대한다. 보살핌과 돌봄은 여자의 일이지 남자의 몫이 아니라고 생각한다. 이렇게 배우고 자랐으니 엄마나 아내에게 제 양말을 찾아 달라고 하는 것이다. 여기서 잠깐 성을 바꿔 보자. 여자가 남편과 아버지에게 똑같은 질문을 하는 장면을 떠올려 보라. 어쩐지 낯설고 어색한가. 그만큼 가부장제 사회에는 성별 역할에 대한 고정관념이 뿌리 깊게 박혀 있다.

가부장제 사회에서 여성들은 여성에게 요구하는 특정 '여성상'에 어울릴 때 칭찬받고, 그렇지 못하면 비난받는다. 남성이 살림보다 일에 열중할 때는 '멋지다, 프로답다'는 말을 듣지만 여성의 경우는 '독하다, 이기적이다'는 비난을 듣는다. 남자의 요구에 무반응이거나 불친절한 여성이 있다면 그 여성은 '이상'하거나 '정상'이 아니거나 '여자답지 못한' 것이다. 이처럼 성별과 젠더에 따라 전혀 다른 평가를 받는 사회에서 여성은 보살핌과 돌봄을 마치 타고난 여자의 '천성'이거나 여자라면 의당 해야 할 '책임'으로 생각한다. 남성을 얼마나 잘 보살피고 돌보는지를 여성성의 기준으로, 집안일을 얼마나 완벽하게 해내는지를 정체성과 자존감의 원천으로 삼는 여성도 많다. 이런 여성일수록 사회와 타인의 기대치에 부응하기 위해 부단히 애를 쓰지만 기대치에 못 미치면 쉽게 불안에 빠진다. 반대로 보살핌과 돌봄에 익숙하지 않거나 가사나 육아를 잘 해내지 못하는 여성은 '여자답지 못하다' 또는 '아내 역할을 못한다', '엄마답지 못하다'는 비판에 직면하고 그때마다 자신에게 문제가 있는 것은 아닐까, 여성성이 부족한 것은 아닐까 하고 자책하게 된다.

그러나 사회적 역할로서의 성, 젠더는 날 때부터 정해져 있는 것이 아니다. 성별에 따라 보살핌과 돌봄 능력에 차이가 난다고 간주하는 것은 어불성설이다. 여자라서 돌봄에 '타고난' 것이 아니며 남자라서 '원래' 무신경한 것도 아니다. 타인을 배려하고 돌보고 보살피려는 이타성은 인간의 본성이지 성별에 따라 구별되는 것이 아니다. 이타성을 이분법적으로 나누어 한쪽 성에만 고정되어 있다고 간주하는 것 자체가 이미 차별인 것이다. 성별과 젠더에 따라 할 일이 달라지는 사사로운 일상은 없다. 사회적 학습의 결과지 인간 본성과 무관하다. 남성성과 여성성의 차이는 사실 개인차보다 크지 않다. 물리적인 힘의 차이 외에 여자와 남자의 차이는 거의 없다.

그럼에도 여자와 남자가 다를 것이라고 기대하는 이유는 여자다움과 남자다움이라는 고정된 프레임으로 상대를 해석하려 들기 때문이다. 여자들은 '타고나길', '원래', '여자라서' 멀티태스킹을 잘한다는 말은 성별 결정론이다. 여자라서가 아니라, 그런 일을 계속하다 보니 익숙해져서 잘하게 되는 것이다. 아기 기저귀를 갈다가 전화를 받고, 통화하면서 가스레인지 불을 켜는 것은 그렇게 할 수밖에 없기 때문인 것이지, 타고난 본성이라서가 아니다. 남자든 여자든 집안일, 요리, 육아 등은 하다 보면 저절로 늘게 돼 있다.

## 나는 내 이름으로 살겠다

돌봄이란 하고 싶을 때 마음에서 우러나 타인에게 베푸는 친절이자 배려인 것이지 내가 '여자'라서 '당연하게' 하는 것이 아니다. 밥상을 차리는 것은 내 일도 아니고, 내 직업도 아니며, 내 정체성과도 무관하다. 돌봄노동을 마치 여자의 본성으로 당연시하는 사람을 보면 참을 수 없이 화가 난다. 그건 나의 천성이거나 책임도 의무도 아니기 때문이다. 나는 이 사회가 여성에게 요구하는 '여자다움'이 없다. 무언가에 집중할 때는 다른 어떤 것에도 관심이 없고 누구에게 방해나 간섭도 받고 싶지 않다. '여자니까' 누구에게나 친절하고 상냥해야 한다거나 원치 않는데도 '여자라서' 당연히 가사와 돌봄노동을 해야 한다고 생각하지 않는다. 남에게 친절을 베풀고 상대를 배려할 때는 여자의 본성 발휘가 아니라 그것이 인간에 대한 예의이기 때문에 그렇게 한다.
《남과 여에 대한 우울하고 슬픈 결론》의 한 대목이 떠오른다.

여성은 가정에 남았을 경우 훌륭한 어머니이자 가사노동자로 혹은
남편의 보조자로 남아 있기를 요구받았다. 하지만, 그 자리를 박차
고 나온 경우 여성으로선 자립이 불가능한 사회 구조와 마주했다.
결국 단 두 가지의 선택지만이 이들 앞에 존재한 셈이다. 종속되거나
혹은 파멸하거나.

여자에게는 스스로 주체가 될 자유가 주어지지 않는다는 점은 옛
날이나 지금이나 변한 게 없다. 그럼에도 카미유 클로델이나 실비아
플라스, 나혜석이나 전혜린의 시대에 살고 있지 않아서, 여자는 노예
이거나 살림 밑천 아니면 부엌데기, 한낱 장식용 가구로 취급받던 시
대에 태어나지 않아서 천만다행이라고 생각한다. 여자의 삶은 오직
'아내' 아니면 '창녀' 그 외에 어떤 선택지도 없던 참혹한 시대에 비한
다면 말이다. 적어도 21세기인 지금은 결혼이라는 울타리와 남편이라
는 보호자가 없어도 여성으로서 자립과 자존이 가능하지 않은가. 이
시대에 살고 있어서 진심 다행이다. 설령 망하더라도 후회 없다. 내가
선택한 이 삶에 만족한다. 남자를 대신해 돌봄노동과 감정노동에 시
달릴 시간에 내 일과 삶에 집중하는 게 더 낫다. 남자를 위한 '그녀' 또
는 '아내'가 되느니 그냥 자유인인 내 이름 석 자로 살겠다. 삶을 온전
히 나로서 충실하게 살다 가겠다. 여자의 몸으로 태어났다는 이유로

'여성성'과 '여자다움'이라는 젠더를 강요하는 사회에 굴복하지는 않을 것이다. 종속되지도 파멸되지도 않을 것이다.

# 불가촉천민에서 해방되자

십대 시절 내내 어머니는 소위 '여자답지 않고' 칠칠치 못한 나를 보고 틈만 나면 잔소리를 해댔다. 행여 집에 손님이 오면 굳이 나를 불러 과일을 예쁘게 깎아서 내놓으라거나 놀러온 이웃 아주머니들에게 커피를 대접하라 했다. 덩달아 아주머니들은 과일을 두껍게 깎았네 어쩌네 하며 훈수까지 두었다. 나는 어머니가 남동생에게는 한번도 안 시키고 매번 딸들에게 이런 일들을 시키는 것이 못마땅했다. "안에서 새는 바가지 밖에서도 샌다"며 말끝마다 시집가서 집안 망신시킬까 봐 걱정이라는 잔소리까지 곁들이면 머리 뚜껑이 열릴 지경이었다. 그래서 일부러 사과를 뭉툭하게 깎고 커피에 물을 왕창 부어 내놓은 적도 있다. 다시 시키지 않을 때까지 보란 듯이 실수를 거듭했다. 솔직히 사과 잘 깎고 커피 잘 타고 설거지, 청소 잘하는 것이 대체 나란 사람과 무슨 상관인가. 딸에게만, 여자에게만, 며느리에게만 요구하는 이

말 같지도 않은 테스트에 얼마나 열불이 났는지 모른다. 난 사과 깎으려고 태어나지 않았고, 시부모에게 잘 보이려고 공부한 것도 아니다. 게다가 '시집'이라니. 어차피 시집 따위는 근처에도 갈 생각이 없으니까 이 따위 것들은 못해도 그만, 안 해도 그만이라고 어머니에게 대들었던 기억이 생생하다.

## 며느리는 '불가촉천민'

퀴즈 하나를 내 보자.

대한민국에서 명절에 불가촉천민이 되는 사람은 누구일까.

답은 '며느리'다.

대한민국은 현모양처와 효부의 삶을 여자, 아내, 며느리의 도리로 칭송했고 지금도 변함없다. 21세기에도 봉건적이고 성차별적인 이데올로기 '남존여비'와 '여필종부'가 한국의 '전통'과 '미덕'으로 사람들 의식에 뿌리 깊게 박혀 있다. 돌이켜 보면 1990년대까지만 해도 시부모 수발을 들고 시동생들을 한 집 한 방에서 먹이고 입히고 재우고 대학까지 보낸 며느리가 흔했다. 불과 20여 년 전이다. 요즘도 TV를 켜면 하루가 멀다 하고 나온다. 아침 토크쇼나 일일 연속극에 약방의 감초처럼 등장하는 착하고 말 잘 듣는 며느리와 막돼먹은 며느리 이야기. 〈러브 인 아시아〉, 〈고부열전〉 같은 프로그램에서는 한국인 며느리가 피부색과 언어가 다른 이주민 며느리로 바뀌었을 뿐이다. 시부모 공경하고 남편 챙기고 자식 키우며 꼬박꼬박 제사상 차리는, 한국의 미풍양속(?)을 소중히 계승하는 며느리들의 미담(?)이 오늘도 줄기차게 이어진다.

결혼한 친구들이 하소연했다. 고부 갈등이 자기 얘기가 될 줄은 몰랐다고. 적어도 내가 선택한 남자는 그런 봉건적인 남자와는 다를 거라 믿었다고. 무엇보다 자긴 다르게 살 거라 자신했다고. 연애할 때만 해도 결혼하면 두 사람만의 세계에서 알콩달콩 살아갈 줄 알았단다. 그런데 남편 집안의 대소사나 명절을 치를 때마다 자신이 꿈꿨던 결혼 생활이 극명하게 박살나는 경험을 하면서 둘이 같이한 건 결혼식뿐이었다는 걸 깨닫는다. 한마디로 결혼과 동시에 여성은 '이상한 나라의 며느리'로 살아야 한다. 며느리 삶은 한마디로 블랙홀이다. 의사, 교사, 판검사라 할지라도 남편 가족에게 그녀는 단지 '며느리'일 뿐이다. 자유롭고 독립적으로 자란 이 시대의 딸들, 주체적으로 삶을 개척해 온 여성일지라도 일단 결혼을 하면 '며느리'라는 이름에서 벗어날 수가 없다.

가족과 집단을 우선시하는 한국 사회는 개인을 독립적인 하나의 주체로 존중하지 않는다. 만일 결혼 후에도 너와 나는 각자의 정신과 감정을 지닌 독립적인 개체라고 주장하는 여성이 있다면 분명 엄청난 욕을 얻어먹을 것이다. '이기적인 아내, 나쁜 엄마, 막돼먹은 며느리'라는 비난을 가볍게 웃어넘길 수 있는 여성은 거의 없다. 아내, 엄마, 며느리라는 삼중고에 묶인 한 여성이 '시월드'라는 강고한 가족주의에 맞서거나 벗어나기는 매우 어려운 일이다. 비혼 여성에 비해 기혼 여성의 저항에 본질적으로 한계가 있을 수밖에 없는 이유다.


## 비혼이 더 많아져야 가부장제가 정신 차린다


가부장제의 핵심에 무엇이 있는가? 바로 결혼이다. 과거 봉건적인 결혼은 두 '개인'이 맺어지는 것이 아니라 두 '집안'이 맺어지는 것을 의미했다. 현대의 결혼은 거기에서 얼마나 멀리 왔을까. 표면적으로야 사랑하는 두 사람의 혼인이라고 낭만적으로 생각하지만 대다수 한국인의 무의식 속에 있는 결혼은 여전히 남자는 장가를 들고 여자만 시집으로 '가는' 것이다. 여성은 결혼을 통해 남자의 보호와 안정을 담보로 자신의 독립성과 자유를 헌납하고 남자뿐 아니라 남자의 '가족'에게도 봉사할 것을 요구받는다. 흔히 결혼한 부부는 '한마음, 한 몸, 한 쌍'이라고 말한다. 결혼하면 정말 하나가 되긴 한다. 여자가 자신을 버리고 남자의 인생에 편입된다는 의미에서 한 몸이 되는 것이다. 여성에게 결혼은 남성의 자발적 포로이자 수족이 되는 것이다.

한국 남성들이 종종 연애는 예쁘고 잘나가는 여자랑 해도 결혼은 제 부모에게 잘하는 여자랑 하고 싶다고 말할 때마다, 자기 기준에 맞지 않는 여성들을 이기적인 '된장녀', '김치녀'라고 비난할 때마다, 남자 말 잘 듣는 착한 여자를 구하려고 아시아 국가 여성을 신붓감으로 구한다는 이야기를 들을 때마다 다시금 깨닫는다. 21세기에도 이 나라 남성들은 여성을 자식을 낳아 대를 잇고 살림과 돌봄을 전담하는 노동력으로만 간주한 '남존여비'와 여자(아내)는 남자(남편)를 따라야 한다는 '여필종부'라는 성차별적 악습에서 벗어나지 못했다는 사실을 말이다.

급속한 산업화 이후 여성은 전 계층, 전 직종에서 일하게 되었고, 여성 취업자 중에서 기혼 여성의 비율이 급속도로 높아지고 있는 추세다. 대한민국의 경제는 이미 여성 임금노동자 없이 굴러가지 못한다. 그런데도 사람들은 여전히 '남자는 바깥일, 여자는 집안일'이라는 성별 이분법을 붙들고 있다. 여성이 남성과 똑같이 밖에서 일을 하는 시대에도 여성은 아내와 엄마 심지어 며느리의 의무마저 다해야 한다고 생각하는 것이다. 더구나 한국 사회에서 결혼은 '두 사람'만의 새로운 출발이 아니다. 많은 여성이 결혼으로 드디어 부모에게서 독립해 사랑하는 이와 자신만의 독자적인 삶을 꾸리리라 기대하겠지만, 이 사회에서 결혼이란 '시댁'이라는 이름으로, 남자의 부모와 형제 즉 남편의 가족이 굴비 엮듯 줄줄이 딸려 오는 삶이다.

그러나 결혼했다는 이유만으로 한번도 본 적 없는 조상까지 떠맡아 제사를 지내고 정작 제사상 앞에서는 생판 모르는 남으로 배제되는 것이 과연 공정한 일인가. 남성 대신에 부모를 돌보고 제사를 지낼 효의 도구로 여성을 이용하는 것이 과연 정당한 것일까. 제사가 그리 좋다면, 그토록 제 부모에게 효를 다하고 싶으면, 남성들은 직접 제 손으로 제사상을 차리고 부모를 보살펴야 하지 않겠는가.

아이들은 명절 때마다 차리는 제사상을 보면서 어머니가 '여자'라서 '며느리'라서 받는 부당한 대우를 눈으로 보고 자란다. 가정에서부터 남녀차별을 마치 공기처럼 보고 배우는 마당에 학교에서 밑줄 긋고 외우는 '성평등'이 무슨 의미가 있을까. 개 풀 뜯어먹는 소리다. 며느리를 종처럼 부리는 것은 명백한 여성 차별이고, 며느리에게 더 많은 책임과 희생을 요구하는 것을 한국의 유교적 미풍양속이자 전통으로 미화하는 것도 잘못된 관행이다. 변질되고 왜곡된 불합리한 관습이며 변화한 시대에 맞지 않는 악습일 뿐이다. 이처럼 시대착오적이고 성차별적인 인습은 여성뿐 아니라 남성의 영혼, 심지어 자라나는 어린아이들의 영혼까지 해친다. 참다못한 여성들은 외친다. 나는 명절이 싫다. 제사가 싫다. 며느리이기 전에 사람이다. 사람이 우선이다. 딸들은 외친다. 나는 엄마처럼 살지 않겠다. 며느리로 살지 않겠다. 결혼하지 않겠다. 과거처럼 여성에게 결혼과 동시에 무조건적인 자기희생을 강요한다면 교육받고 똑똑하고 독립적인 이 젊은 여성들은 결혼을 주저하고 보류할 것이다.

그런데 남녀 모두가 동등한 권리를 가진 주체로서 자유로운 개인으로 사는 것은 지금의 결혼 제도 안에서는 불가능하다. 앞으로 비혼이 더 많아져야 한다. 비혼 또는 동거나 파트너 관계 등 다양한 방식으로 결혼 제도 밖으로 탈주하는 여성이 많아질수록, 여성들이 기존의 결혼 제도를 거부할수록 여성들이 원하는 자유롭고 동등한 삶을 꾸릴 수 있다. 여성이 자신의 삶을 자유롭게 선택할 수 있을 때 그럴 때 기혼 여성의 삶도 확연히 달라질 것이다. 21세기에 우리가 인권을 이야기한다면 가정에서도 기혼 여성에게 며느리라는 이름 대신 인간이라는 이름을, 개인의 존엄을 되찾아 주어야 한다. 그래야만 여성을,

아내를 자신들의 소유물로 여기는 남성들의 기득권 의식도 바뀐다.


## 비혼 여성이 전면에 나설 때가 왔다


글로리아 스타이넘은 여성은 "자기가 결혼하고 싶은 남성과 결혼하는 것이 아니라 자신이 결혼하고 싶은 그 '남성'이 되어야 한다"고 말한 바 있다. 이 말은 세상 모든 여자가 가부장제 사회의 남자처럼 행동하고 명예남성이 되어 살아야 한다는 뜻이 아니다. 여성들은 자신이 왜 결혼을 꿈꾸는지 그 이유를 '남편'이 되어 줄 남성이 아니라 바로 자기 자신을 통해 찾아야 한다는 의미다. 당신은 당신이 결혼하고 싶은 남성의 '무엇'을 원하고 있는가. 결혼할 남성의 경제력에서 비롯되는 물질적 풍요와 안정, 그의 사회적 지위와 명예가 가져다주는 지지와 보호를 바라고 있는 것은 아닌가.

그렇다면 이렇게 상상해 보자. 만일 여성이 남성과 동등한 사회적 지위를 얻는다면, 여성이 남성과 동등한 경제력을 얻는다면, 여성이 남성보다 열등하게 취급되고 여성을 남성의 부속물이나 소유물로 여기지 않는 세상이 온다면 여성들이 그토록 결혼에 목을 맬까? 결혼 여부와 상관없이 여성이 자기 이름을 아이에게 물려줄 수 있다면, 여성이 아이를 낳고 기르는 데 아무런 사회적 제약이 없다면, 어떻게 될까? 여성이 가정에서 경제력을 쥐고 있다면, 여성 누구나 자신의 노동에 대한 적절한 대가를 받는다면, 성공하는 데 아무런 차별이 없고 사회적 지위로 자존감을 유지할 수 있다면, 더 나아가 이 사회가 여성에게 법적, 제도적 권력을 주는 가모장제 사회라면, 결혼이 지금과 같은 의미일까? 나는 진실로 궁금하다. 아마도 그런 시대가 오면 제도로서 결혼은 유명무실해질 것이다. 여성과 남성은 아주 작은 생물학적 차이 말고는 감성과 욕망을 지닌 인간이라는 점에서 동등하다고 여기는 세상이 온다면, 미래의 결혼은 더는 지금과 같은 의미가 아닐 것이다. 결혼이라는 이름으로 불리지도 않을 것이다. 나는 바로 그런 세상을 꿈꾸고, 그 미래가 어떤 모습일지 지금 여기에서 상상한다.

사십대 비혼의 풍경

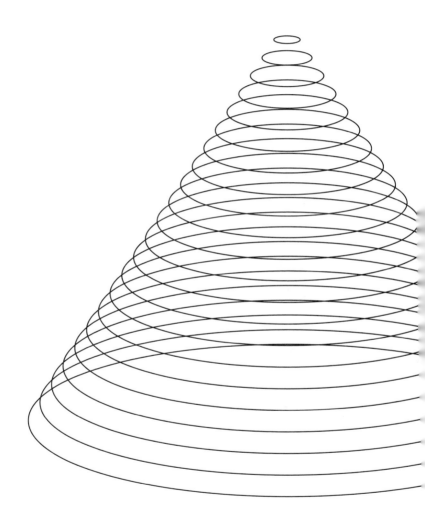

## '화려한 싱글'은 달나라에 있을 거야

알바를 할 때 겪은 일이다. 일을 마친 후 파김치가 된 몸으로 그날 밤 통역사들에게 배정된 숙소로 직행해 짐을 풀었다. 2인 1실이라 사십대 또래의 통역사와 방을 함께 쓰게 되었다. 서로 어색하고 서먹한 분위기를 덜어 보고자 이야기를 나누기 시작했다. 내가 골프의 '골'도 모르는데 통역을 하느라 애먹었다고 하자 통역사가 의외라는 듯이 눈이 똥그래져서 물었다.

"아니, 골프 안 치세요?"

"골프요?"

"요즘은 다들 골프 많이 치잖아요."

"골프장 근처에도 가 본 적이 없는데요."

"골프 좀 치실 거 같은 분위기신데…."

다들? 내가? 자기가 치니 남들도 다 친다고 생각하는 걸까, 마흔 넘으면 골프는 기본이라는 소리인가 아니면 몰라도 아는 척은 해야 한다는 말인가? 나도 모르게 한마디 내뱉고 말았다.

"아~ 예. 골프는 제 언니가 골프장에서 캐디 알바 뛸 때 돈 있는 것들이 성희롱한다는 소리를 들은 게 다예요."

그 순간, 떨어져 있는 트윈 침대 거리만큼 적막이 흘렀다.

다음 날. 통역사끼리 모여 점심을 먹고 있었다. 통역은 부업이고 세일즈가 본업이라는 한 통역사가 내게 자신의 명함을 건넸다. 넌지시 내가 맡은 바이어를 소개해 달라고 부탁했다. 이 바이어가 취급하는 품목은 그녀의 분야와 무관하다고 누차 설명했는데도 그녀는 포기를 몰랐다. 회사 간에 계약을 한 건 성사시키면 통역사에게 얼마가 떨어지는데, 그 수입이 꽤 짭짤하단다. 정말 열심히 줄기차게 나를 설득했다.

"돈 벌고 대박 나면 좋잖아요, 안 그래요?"

나는 가만히 듣고 있다 심드렁하게 한마디 던졌다.

"전 적게 벌고 시간 많은 게 더 좋아요."

그러자 그녀가 말했다.

"한가로운 주부신가 봐."

"제가요? 전 1인 가구 싱글인데요."

잠시 침묵이 흘렀다. 당황한 여자가 서둘러 말을 돌렸다.

"어머, 화려한 싱글이시네!"

졸지에 나는 골프나 치러 다니는 한가한 주부였다가 순식간에 화려한 싱글로 둔갑했다.

화,려,한 싱,글.

21세기 밀레니엄이 시작되면서 '화려한 싱글'이라는 말이 대중 매체에 등장했다. 결혼하지 않고 전문직 경력을 쌓으며 독신 생활의 황금기를 즐기는 쿨(!)한 여성들을 지칭하는 수사. 1998년부터 2004년까지 미국에서 제작된 TV 드라마 〈섹스 앤 더 시티〉가 케이블 TV를 통해 국내에 방영되었다. 드라마가 성공을 거두자 한국판 〈섹스 앤 더 시티〉를 표방한 한국 드라마도 줄지어 제작되었다. '결혼은 미친 짓이야'로 시작하는 〈화려한 싱글〉이란 가요가 인기를 끌기도 했다. 일과 사랑을 즐기는 자유롭고 독립적인 '독신녀'의 이미지가 미디어를 수놓기 시작한 것이다.

'화려한 싱글'이란 말을 들으면 CF가 떠오른다. 고학력자로 전문직에 종사하면서 퇴근 후에는 고급 레스토랑과 럭셔리 바에서 여가를 즐기거나 헬스클럽에서 몸매를 다듬고, 최신 유행과 패션 등에 민감하며, 해외여행을 가기 위해 캐리어를 끌고 공항으로 향하는 여성이 나오는, '산소 같은 여자' 이영애가 나왔던 바로 그 광고 말이다. 순간 머릿속을 스치는 의문. 잠깐, 내가 과연 화려한 싱글이었던 적이 있었나. 싱글 라이프를 즐기긴 했다. 일해서 번 돈으로 옷도 사고 가방도 사고 쇼핑을 즐겼고 애인과 해외로 여행도 자주 다녔다. 헬스클럽에서 운동도 했고, 수영도 배우고, 캠핑도 갔다. 친구들과 레스토랑에서 밥을 먹거나 바에서 술을 마시거나 클럽에서 밤새 춤추며 논 적도 많다. 그럼 나는 화려한 싱글인 건가? 이상하다. 그런데 나는 내 삶이

'화려'하다는 생각이 왜 요만큼도 들지 않을까.

## '섹스 앤 더 시티'가 아니라
## '국가 부도 앤 더 시티'

미드 〈섹스 앤 더 시티〉에 환호한 시청자들은 X세대 여성들이었다. 나를 비롯해 주변 친구들 모두 이 드라마에 푹 빠져 살았다. 우리는 캐리, 사만다, 미란다, 샤롯에게 열광했다. 뉴요커를 상징하는 작가 캐리, 능력 있는 변호사 미란다, 자유분방한 사업가 사만다, 여피의 삶을 즐기는 미술관 큐레이터 샤롯은 당시 신세대 여성들이 대리 만족 하는 우상이었다. 그들을 통해 우리는 당당하고 자신 있는 멋진 미래를 꿈꿨다. 대학을 졸업하고 사회에 나와 일에 매진하면, 바로 찬란한 미래가 펼쳐지리라 기대했다. 열심히 살면 반드시 성공이라는 보상을 받을 수 있으리라 믿었다. 맨해튼에서 잘나가는 뉴요커까지는 아니더라도 한국에서 그렇게 살고 싶었고, 살 줄 알았다.

착각이었다. 평범한 우리의 미래에 화려한 싱글 라이프는 펼쳐지지 않았다. 자유를 만끽하는 멋진 삶은 없었다. 착각만 자유였을 뿐이다. 한국의 캐리와 사만다, 미란다와 샤롯은 '섹스 앤 더 시티'가 아니라 '국가 부도 앤 더 시티' 즉 IMF 사태라는 직격탄을 맞았기 때문이다. 드라마를 끄고 나서 돌아본 우리의 현실은 화려함과는 거리가 멀었다. 내 삶을 돌아봐도 드라마 속 캐릭터처럼 화려하게 산 적이 없다.

해외여행을 갔을 때 돈 많은 셀럽처럼 호화로운 특급호텔에 묵었던 적도 없다. 저가 항공권을 미리 끊어 놓았고 게스트하우스에서 잤으며 길거리 포장마차 음식을 먹어 가면서 다닌 배낭여행이었다. 외국에 살고 있는 친구 집에 신세 지면서 미술관과 박물관을 둘러보는 알뜰 관광이었다. 강남 헬스클럽의 개인 PT보다는 상대적으로 요금이 저렴한 동네 헬스장과 주민센터를 이용했다. 어쩌다 친구들과 외식을 하거나 술을 마실 때면 다들 각자 알아서 돈을 냈다. 친구들과 입장료를 내고 클럽에 가서 밤새 즐겁게 놀았다 한들 술값에 수십만 원을 쓴 적도 없다. 행여 충동구매를 했다 치면 다른 곳에서 허리띠를 졸라맸다. 사고 싶은 게 있거나 보고 싶은 공연이 있을 때면 다음 달 갚아야 할 카드값을 머릿속으로 헤아리면서 할부로 사거나 표를 끊었다. 그랬다. 내가 번 돈으로 감당할 수 있을 만큼 쓰고, 하고 싶은 일을 마음대로 했을 뿐이다.

## 된장'남'은 없다

2000년대 들어 서른이 넘어도 결혼하지 않고 개인의 삶을 누리려는 여성들을 비난하는 유행어가 등장했다. 한쪽에서는 비혼 여성을 '화려한 싱글'이라고 추켜세우고, 다른 한쪽에서는 '된장녀', '김치녀'라고 비하하기 시작했다. 대중 매체는 비혼 여성을 노동과 소비의 주체라며 '화려한 싱글'이라는 이미지로 포장했지만 현실은 달랐다. 여성의 노동은 평가절하되었고 여성의 소비는 개인의 소비로 존중받지 못했다. 싱글 여성은 어떤 직종에서 어떤 노동을 하며 살든지 남자 돈으로 먹고사는 기생충 같은 존재로 혐오의 대상이 되었다.

내 돈으로 스타벅스 커피를 마셨을 뿐인데 한 끼 밥값을 커피 한 잔에 다 써 버린 낭비벽 심한 여자, 디자이너 로고 붙은 가방 하나 들었다고 해서 허영기 많은 '된장녀'로 욕을 먹었다. 친구들과 레스토랑에 가고 클럽에 가서 우리끼리 재밌게 놀았을 뿐인데 밥값, 술값을 남자에게 떠넘기는 이기적인 '김치녀'로 싸잡아 매도당했다. 남자인 제가 자청해서 밥값을 내고 술을 사겠다고 해서 내버려 둔 것뿐인데 넙죽 받아 처먹었다고 우리를 염치없는 여자, 남자 등쳐먹는 여자라며 뒤에서 호박씨를 까댔다. 20대에는 내가 더 많이 벌었고 만나는 남자마다 돈이 없어서 연애할 때 내가 더 냈다. 30대에는 남자가 나보다 더 많이 벌어서 그가 냈다. 그렇다면 나는 '된장녀'인가? 남자 등쳐먹은 '김치녀'인가?

스타벅스 카페는 여자만 가지 않는데 스타벅스에서 커피를 마시는 남자를 비난하는 소리는 들어 본 적이 없다. 오직 여자들만 콕 집어 욕했다. 된장녀는 있어도 된장남은 없었다. 커피 한 잔에 한 끼 밥값을 썼다고 사치를 부리는 여성이라 비난한다면 한 끼 식사는커녕 룸살롱에서 한 달 월급을 꼴아박으며 술을 부어라 마셔라 들이붓는 남성들은 왜 된장남이 아닌가. 폼생폼사 허세를 부리며 낭비를 해대는 남성들이 대한민국에는 널리고 널렸는데 그들은 왜 김치남이 아닌가.

대한민국은 OECD 통계 자료에 따르면, 남녀 임금 격차에서 부동의 1위를 고수하고 있는 국가다. 2017년 성별 임금 격차는 34.6퍼센트다. 2016년 저임금 노동자 비율에서도 남성은 15.3퍼센트인 반면 여성은 37.2퍼센트다. 노동 시장에서 여성은 남성과 같은 노동자이지만 임금은 남성의 반이고 그나마 하는 일도 거의 저임금 직종에 몰려 있다. 저임금 직종에 종사하니 당연히 덜 벌 수밖에 없고, 계약직 같은 비정규직 불완전 고용 상태에 머물러 있으니 남성에 비해 상대적으로 승진할 확률도 더 낮다. 악순환이다. 돈을 많이 받는 직종은 유리천장도 강고하다. 사십대 이상이 되면 남녀의 임금 격차는 더 커진다.

만일 '화려하다'는 것이 재력 즉, 뭐든 소비할 수 있는 경제적 능력을 의미한다면 실제로는 독신 남성이 여성보다 화려하게 사는 경우가 대부분이다. 그런데도 사람들은 '화려한 싱글'이라고 하면 대번에 여성을 떠올린다. 그러나 대한민국에서 돈을 물 쓰듯 하며 화려하게 살 수 있는 싱글 여성은 극소수에 불과하다. 패리스 힐튼처럼 부자 아버지를 두었거나 건물주 부모를 둔 여성이나 가능한 삶이다. 한국의 평범한 싱글 여성은 화려하게 살지 못한다. 화려하기는커녕 초라하게 산다. 나 같은 비혼 여성은 나이 먹을수록 화려한 싱글은커녕 궁핍에 시달리는 가난한 싱글이 되기 딱 좋다.

## '화려한 싱글'에서 '골드 미스'로

'화려한 싱글'이라는 말만 들어도 울화가 치미는 판에 한술 더 떠

'골드 미스'까지 등장했다. 아직 결혼하지 않은 여성을 지칭하는 '미스'에 '골드'라는 말을 붙인 '골드 미스'. 2007년부터 미디어에 등장하기 시작한 이 유행어는 30대 이상 50대 미만의 미혼 여성 중 학력이 높고 사회, 경제적 여유가 있는 계층을 의미하는, 역시나 마케팅 용어다. 골드 미스란 '결혼을 늦게 하고 독신으로 있는 기간이 길어진 여성들로서 자기 성취욕이 높으며 자기 계발에 관심이 많고 자기 투자도 많이 하는, 특히 쇼핑과 해외여행 등 감성적인 만족을 위해 소비하는 여성들'이라며 미디어에서 떠들어 대기 시작한 것이다. 그렇다면 삼십대 내내 쇼핑을 즐기고 해외여행도 숱하게 다녔으며 그러다 사십대 비혼 여성이 된 나도 '골드 미스'인 건가?

그런데 이번에도 왜 나는 내가 '골드 미스'란 생각이 눈곱만큼도 안 드는 걸까. '화려한 싱글'만큼이나 '골드 미스'란 호칭도 불쾌하다. 골드 미스는 삼사십 대 여성들이 '황금' 이상의 가치가 있다는 뜻이 결코 아니다. 진실은 다른 곳에 있다. 남성 중심적인 가부장제 한국 사회에서 황금 이상의 값어치로 간주되는 여성은 오직 결혼 적령기 즉, 어리고 젊은 가임기 여성이다. 남성의 기준으로 결혼 적령기를 지난 여성은 더는 황금이 아니다. 황금은커녕 돌멩이보다 못할 것이다.

반면 남성은 골드(올드) 미스터라는 수식어조차 불필요하다. 가부장제 사회에서 남성은 결혼 여부와 상관없이 한 명의 인간으로 존재한다. 남성은 나이를 불문하고 그저 자기 자신이기만 하면 된다. 심지어 중년의 남성은 일명 꽃중년이라 불린다. 그런데 꽃처럼 피어난 중년에 여성은 포함되지 않는다. 비혼 싱글 여성은 골드 미스일 수는 있어도 꽃중년은 될 수 없다. 극단적인 남성 중심 사회에서 중년 여성은 피어난 꽃이 아니라 이미 '시든 꽃'으로 규정당하기 때문이다.

여성은 한 개인으로서 자신이 될 수 없다. 한국 사회에서 여자는 미혼이거나 기혼일 뿐이다. 결혼하지 않은 여자는 결혼을 '못'한 '미(未)'혼이지 결혼을 '안' 하는 '비(非)'혼일 리가 없다. 중년의 나이 먹은 여자는 남편 없이는 존재할 수 없고, 존재해서도 안 된다. 따라서 마흔이 넘은 여자는 무조건 아줌마, 여사님, 사모님이다. 이 사회에서 여성은 어떤 직업에 종사하든지 일과 능력이 아니라 결혼 여부로 결정되는 존재다. 여성은 한 인간이 아니라 '여자'로서만, 결혼 적령기와 결혼 여부로만 가치가 평가되는 상품으로 취급되는 것이다.


## 어느 나라에서나 '땡처리' 취급

가부장제 사회는 유독 여성에게만 결혼 적령기를 강요한다. 흔히 여자의 결혼 적령기(결혼에는 정해진 때가 있다는 발상부터 마음에 안 들고)를 얘기할 때 서른 초·중반까지가 소위 '골든 타임'(나이에 여자의 생사가 달려 있다는 식의 표현에도 반감이 들지만)이라고 한다.

일본에서는 여자가 25세가 넘으면 가치(?)가 떨어진다며 '크리스마스 케이크'라 부른다. 여성은 크리스마스라는 특수에만 만드는 케이크, 크리스마스가 지나면 먹지 않는 케이크란 소리다. 골드 미스 연령대의 여성을 가리키는 유행어는 '하나코 상'이다. 일본에서 가장 흔한 여자 이름이 하나코다. 익명의 여성을 일컬어 하나코 상이라 하는 것이다. 우리말로 치면 '김 여사'일 것이다. 결혼하지 않았다는 이유만으로 각자 고유의 개성을 지닌 한 명의 개인인 여성들은 하나코 상이라는 불특정 다수로 전락한다. 개인이 지워지고 이름도 필요 없는 존재가 되어 버리는 것이다.

중국은 더 심하다. 중국은 결혼하지 않은 독신 여성을 '잉녀(떨이녀)'라 한다. 잉녀는 20대 후반(!)이 지나도록 결혼하지 않은 여성을 일컫는다. 사전적인 의미로는 '남겨진 여성', 영어로는 'Leftover Women'이다. 비혼 독신 여성은 떨이로 팔리는 존재, 한낱 땡처리 대상으로 간주된다. 적나라하게 여성 차별적이고, 지독하게 폭력적이다. 각각의 표현 속에 내재되어 있는 성차별과 여성 혐오에 몸서리가 쳐진다. 차라리 한국의 골드 미스가 고마울 지경이다. 동북아 세 나라가 정도의 차이만 있을 뿐 여성 혐오에서는 사이좋게 순위를 다툰다.

'골드 미스'는 결혼 적령기라는 황금기를 놓친 여성이란 뜻의 완곡한 표현이다. 사실 골드 미스는 '올드 미스'를 에둘러 표현한 말에 불과하다. 결혼 적령기가 지난 여성들을 '올드' 미스라고 동정하며 얕잡아 보던 성차별적인 시선을 감추는 대신, 경제력 있는 독신 여성들의 지갑을 열기 위해 등장한 자본주의 마케팅이 골드 미스다. 옛날 같으면 노처녀에 아줌마라고 불렸을 삼사십 대 비혼 여성들을 쿨하게 '미스'라고 불러 주겠다는 것이다. 하지만 나는 결혼 여부에 따라 여성을 이분법적으로 나누는 차별적인 단어이자 지금은 영미권에서조차 쓰지 않는 낡은 말인 미스도 전혀 달갑지 않다. 여자는 '골드'라도 미혼인 미스여야 한다는 건 변함이 없기 때문이다.

현대의 소비 자본주의는 결혼하지 않은 비혼 여성과 1인 가구라는 새로운 소비자 시장을 발견했다. 자본주의 마케팅은 독신 여성들에게 '화려한 싱글', '골드 미스'라는 이름을 붙이고 여성들이 자신만의 라이프 스타일을 계발하기 위해서는 더 많이, 자주 소비하라 부추긴다. 자기를 계발하려면 돈을 쓰시오. 신자유주의 시스템에서 '자기 계발'이란 결국 돈으로 소비가 가능한 계발이다. 돈을 쓰지 않고서는 자기 계발도 어렵다. '소비하라. 고로 나는 존재한다'. 소비할 때만 나는 삶의 주체가 될 수 있다. 소비하지 못한다면, 쇼핑할 수 없다면, 즉 구매력이 없는 여성은, 화려한 싱글에도 골드 미스에도 끼지 못한다. 결국 골드 미스란 결혼 못한 노처녀를 비하하는 올드 미스에 '돈 많은(골드)'이 추가된 기만적인 단어일 뿐이다.

그런데 삼사십 대 비혼 여성이 모두 골드 미스가 될 수 있는 것도 아니다. 골드 미스가 되는 데는 조건이 있다. 적어도 '골드 카드' 정도는 가지고 있거나 '밥 잘 사 주는 예쁜 누나'라야 한다. 즉 결혼만 못 했을 뿐인, 예쁜 노처녀가 빵빵한 지갑을 열어 줄 때만 '골드 미스'다. 지갑이 비어 있는 노처녀는 그냥 노처녀, '올드 미스'다.

1인 가구로 살고 있는 나나 친구들을 봐도 흥청망청 쓰면서 화려한 삶을 누릴 만큼 여유 있는 사람은 별로 없다. 스스로 먹고살아야 한다는 경제적 압박감과 생계에 대한 부담감 때문에 내일이 두려운 사람이 더 많다. 경제활동과 일상사를 모두 혼자 감당해야 하는 평범한 비혼 여성들에게 '화려한 싱글'의 삶은 광고 속에서나 가능한 그림의 떡이다. 한강이 내려다보이는 고층 아파트 펜트하우스에 살면서 주말이면 한강에서 조깅을 하고 아침에 외제차를 끌고 출근하고 퇴근해서는 우아한 샹들리에가 달린 바에서 와인을 마시며 잘생긴 연하 남과 알콩달콩 연애하는 화려한 싱글녀의 삶은, 부자이거나 건물주인 부모를 둔 자식 아니면 스타 연예인, 그것도 아니면 드라마 주인공이나 가능하다.

대부분 마흔 넘은 비혼 여성은 아침엔 지옥철과 만원버스에 시달리며 출근을 하고 퇴근하면 부리나케 귀가해서 잠옷으로 갈아입고 쉰다. 주말이면 이불 속에서 고치를 틀고는 TV 채널을 돌리거나 유튜브에 코를 박고 보내기 일쑤다. 이따금씩 친구를 만나 술잔을 기울이며 세상살이와 밥벌이의 고단함을 털어놓고 서로의 어깨를 두드리는 휴일을 보낸다. 팍팍한 일상에서 벗어나 해외여행을 꿈꾸며 잠시나마 행복감에 젖는다. 골드 카드는 없지만 신용카드는 두어 장 들고 다닌다. 평소에는 인터넷으로 가격 비교를 하며 깐깐한 소비를 하다가 어쩌다 한번 지름신이 내려 충동구매를 하고는 후회를 거듭한다. 흔하디흔한, 짠 내 나는 하루를 오늘도 내일도 이어 간다. 스포트라이트와 레드카펫은 없지만 하루하루를 버티고 애쓰는 보통의 삶이다. 남편(대부분은 남의 편인 것 같지만)과 자식이 있는 가정 대신 처지가 비슷한 친구들, 뜻을 같이하는 벗들과 함께하는 삶, 화려하지는 않지만 소박하고 평범한 삶이다. 이 평범하기 그지없는 생활이 40대 싱글 여성인 내 삶이기도 하다.

나는 화려한 싱글도 골드 미스도 아니다. 그렇게 불리고 싶지도 않다. 타인의 시선으로 함부로 나와 내 삶이 규정되고 평가당하길 원치 않는다. 나는 그저 나로서 살고 싶다. '화려한 싱글'의 삶은 원래 없었다.

## 예술가는 재능 '기부'지

이 글을 쓰고 있는 나는 천만 인구가 사는 대한민국의 수도 서울에 살고 있는 독립영화 감독이다. 영화감독. 써 놓고 보니 뭔가 있어 보인다. 하지만 영화를 감독하고 있는 기간보다 영화와 무관한 일을 하고 있는 기간이 더 오래되었으니 영화감독이라고 말하기도 민망하다. 그래서 만나는 사람들이 직업을 물으면 잠시 망설이다가 그냥 '프리랜서'라고 한다. 그러면 또 뭐 하는 프리랜서냐고 묻는다. 그때그때 이것저것 다른 걸 하니까 뭐라 대답해야 하나 또 망설이게 된다. 영화감독에 프리랜서라니까 만나는 사람마다 '멋지다'를 연발한다. 말이 좋아 영화감독이지 내가 작년에 영화로 벌어들인 수입은 0원이다. 몇 년간 후속작을 단 한 편도 못 만들었기 때문이다. 이쯤 되면 의문이 들 것이다. 영화도 안 찍는데 어떻게 서울 한복판에서 살 수 있냐고오오요? (내가 어떻게 살 수 있는지는 뒤에서 차근차근 이야기하기로 하고) 사실

나는 '자기 선언적' 프리랜서다. 누가 인정해 줘서도 불러 줘서도 아니고 스스로 그렇게 생각한다는 뜻이다.

프리랜서(free-lancer)란 영단어는 계약직 용병을 뜻한다. 임시직, 계약직, 단기직 노동자, 더 구체적으로 나는 예술 언저리에서 종사하는 '특수 고용 노동자' 또는 '알바 노동자'다.

어떤 이들은 나처럼 사는 사람들을 일컬어 '자발적 가난을 선택한 사람들'이라고 한다. 하지만 그 삶이 마냥 좋기만 한 것은 아니다. 가난과 불안을 벗 삼아 자족하는 삶을 살다가도 누군가 이런 말을 던질 때마다 체증이 생긴다.

"그래도 넌 하고 싶은 일 하니까 부럽다."

"나도 회사 때려치우고 프리랜서나 할까?"

"프리랜서라 시간 많아 놀러 다니고 좋겠다."

겉보기에나 그렇다. 실제 프리랜서의 삶은 생각보다 쿨하거나 멋지지 않다. 프리랜서는 단지 시간만 프리할 뿐이다. 24시간을 마음대로 쓸 수 있는 자유(프리)가 있다는 것일 뿐 돈을 '프리'하게 쓸 수 있다는 말이 아니다. 프리랜서가 정말 폼 나게 살려면 항상 젊고 건강할 것이며 뭣보다 돈 있는 집안 자식이어야 한다. 하지만 세월이 흘러 나이 먹고 늙으면, 부모가 더는 줄 돈이 없으면, 그 '폼'도 약발이 다한다.

나는 영화를 만들고 글을 써도 먹고사는 문제를 전부 해결할 수 없어 해마다 다른 밥벌이를 꾸준히 하고 있다. 일감이 들어오면 바짝 일한다. 벌 수 있을 때 한 푼이라도 더 벌어 놓지 않으면 안 된다. 내게는 일 년 중 겨울이 엄동설한 보릿고개다. 일거리가 없어 줄어드는 통장 잔고를 들여다보는 날이 많다. 허리띠를 졸라매다가 안 되면, 카드 대출에 기대어 생활하기 일쑤다. 수입은 늘지 않는데 보험료와 공과금, 월세 등은 해마다 올라 돈 쓸 데만 늘어난다. 느닷없이 아파서 병원에 가거나 조의금을 내야 하는 등의 예상치 못한 지출이 생길 때마다 가슴이 철렁한다.

프리랜서는 어디에도 얽매이지 않고 남의 간섭 없이 일한다는 점에서 더없이 자유로울 수 있지만, 하나부터 열까지 모든 걸 자기가 관리하고 결정해야 한다. 병에 걸리거나 사고라도 나면 큰일이다. 일을 할 수가 없어 밥줄이 끊기는 건 물론이고 당장 먹고사는 데 지장이 온다. 소속이 없으니 비빌 데도 없다. 불이익을 받거나 부당한 일이 생길 때도 도움을 요청할 데가 많지 않다. 그러니 아프거나 다치지 말아야 한다.

## 책 완성하는 데 선인세 100만 원

지금껏 책을 두 권 냈고 그 덕분에 어쩌다 보니 작가라는 이름을 달게 되었다. 그러자 남의 속도 모르고 주변에서 책으로 돈 좀 벌었느냐고 묻는다. 내가 이름만 대면 알 만한 유명인도 아니고 베스트셀러 책을 쓴 것도 아닌데 그럴 리가 없잖은가. 할 말이 없어서 그냥 웃는다. 책을 쓸 때마다 선인세로 100만 원씩 받았다. 그걸로 책을 완성해야 한다니까 주변의 친구들이 말도 안 된다며 깜짝 놀란다. 아마도 이들은 그동안 내가 영화 일을 하면서 번 돈이 얼마인지 이야기하면 뒤로 넘어갈 것이다. 솔직히 100만 원은 한 달 생활비도 안 된다. 한 달 안에 책을 마치지 않는 한, 설령 끝내더라도 현실적으로 책을 쓰는 것만으로는 도저히 생계를 유지할 수 없다. 따로 밥벌이를 해서 생활비를 벌어야 한다.

그런데 집필에 들어가면 다른 일을 병행하기가 좀처럼 쉽지 않다. 시나리오를 쓸 때도 똑같다. 거의 종일 글쓰기에 매달려야 한다. 주 5일 근무에 정시 출퇴근을 하는 밥벌이는 엄두도 못 낸다. 결국 주말 알바나 단기 알바 같은 시간 제약이 덜한 일을 찾을 수밖에 없다. 그러면 수입이 부족한 악순환이 반복된다. 결국 고스란히 빚을 지면서 글을 쓴다. 만든 영화나 출간된 책이 대박이 나지 않는 한, 작업 기간이 길어질수록 마이너스 인생이다.

회사에 다녀 주로 새벽에 글을 썼다는 소설가 프란츠 카프카도 있다만 나는 그렇게까지 글을 쓸 수가 없다. 카프카도 출근 오전 9시, 퇴근 6시일 때는 글을 쓸 수 없었다고 한다. 보험회사 법률고문이 되어 오후 2시에 퇴근하고서야 드디어 글에 열중할 수 있었다는 것이다. 카프카가 요절한 이유가 낮에 일하고 밤에도 자지 않고 글을 쓰느라 쉬지 못해서는 아닐까 하고 생각한 적도 있다. 목숨을 담보로 창작을 해야만 예술가일까? 주변에 나처럼 살고 싶다는 사람이 있으면 이렇게 말해 준다. 뭐든 남과 비교하고 남들만큼은 살아야 직성이 풀리고 남들보다 잘나가고 싶은 욕심이 쥐꼬리만큼이라도 있다면 나처럼 살면 안 된다. 이 자유의 대가는 배고픔이니까. 이게 현실이다. 프리랜서의 삶은 롤러코스터다. 출렁이는 파도를 타고 서핑을 하는 삶이다. 자첫 균형을 잃으면 고꾸라진다. 날마다 불안정한 일상을, 달마다 불규칙한 수입을 끌어안고 살아야 한다. 불안이 기본값인 생활이다. 괜찮거나 만만한 삶이 결코 아니다. 예술가의 삶이야말로 '존버 정신'의 결정체다. 그러므로 때 되면 꼬박꼬박 나오는 월급이 주는 물질적 안정을 원하는 사람이라면, 이름만 대면 알아주는 명함과 소속감이 필요한 사람이라면, 건물주 부모를 둔 금수저 부르주아가 아니라면, 당신은 예술가가 되어서는 안 된다.

## 열심히 일했지만 빚만 안긴 영화 일

보통 예술가 하면 사람들이 떠올리는 이미지가 무엇일까. 아마도 '가난'이 아닐까. 빈곤 속에서도 창작열을 불태운 반 고흐나 이중섭처럼 예술가는 시류에 타협하지 않는 고결한 영혼의 소유자로서 가난을 마치 천형처럼 짊어지고 살아야 하는 존재라고 생각하는, 19세기적 고정관념이 여전히 우리 사회의 통념이다. 하지만 요즘 소위 떴다는 유명 예술인들은 반 고흐와 전혀 다른 삶을 산다. 영화계에서 인기와 부를 거머쥔 배우의 개런티는 억대가 넘고 그들은 부동산 재테크로 부를 축적한 건물주다. 1등 한 명이 모든 부를 차지하는 승자 독식 시스템이 문화예술계만큼 확연한 곳이 또 있을까. 신자유주의 자본주의 경제체제는 예술계에서도 기세등등하다. 상위 5퍼센트 스타급 예술인들이 전체 소득의 95퍼센트를 가져간다.

반면 95퍼센트의 예술인은 영화든 문학이든 연극이든 무용이든 어느 분야를 막론하고 예술만 해서는 먹고살기 힘들다. 생계를 유지하고 작업을 계속할 돈을 벌지 못한다. 생계에 지장 없이 작업만 할 수 있는 사람이 있다면, 돈에 연연하지 않고 작품을 만들 수 있다면 그는 경제적으로 여유가 철철 넘치는 사람이거나 운이 억세게 좋은 사람이다. 돈 걱정 없이 작업에만 매진하는 예술인은 생계를 책임져 주는 가족이나 누군가가 있을 것이다.

영화를 만들고 책을 내는 것만으로 생활에 지장이 없고 적당한 품위 유지가 가능하다면 그야말로 더 바랄 게 없다. 예술인이라면 누구나 바라는 바다. 하고 싶은 일로 돈 버는 삶이야말로 내가 꿈꾸는 것이자 모두가 원하는 삶이리라. 그런데 대한민국에서 글만 써서 생계를 유지할 수 있는 전업작가가 과연 몇이나 될까. 영화만 찍어 잘 먹고 잘사는 영화감독이 몇이나 될까. 누구나 성공해서 유명한 감독이 되길 꿈꾸지만 아무나 그렇게 되지는 않는다. 정점을 찍는 사람은 언제나 소수다. 대한민국은 극단적인 무한 경쟁을 조장하며 승자가 모든 것을 독식하는 1 대 99의 사회다. 예술계도 별반 다르지 않다. 이 세계도 부익부 빈익빈이다.

대부분의 예술인은 예술만 하다가는 빚만 진다. 작품 활동만 해서는 생계가 어려워지는 예술인이 훨씬 많다. 작업을 열심히 할수록 삶이 피폐해지고 일상이 무너진다. 이런 형편에 전업작가는 언감생심이다. 빚의 수렁에 빠지지 않으려면 생활비를 충당하기 위해 사방팔방으로 동분서주해야 한다. 금수저가 아닌 이상 생존의 기본 조건에서 자유로울 수 있는 프리랜서는 아무도 없다. 프리랜서를 선언한 후에 더 잘나간다는 누구누구의 이야기는 소수의 성공 신화일 뿐이다. 그들이 추앙받고 있을 때, 가난을 밥 먹듯이 하는 다수의 곤궁한 예술인의 존재는 원래 없었던 것처럼 사라지고 지워지고 보이지 않게 된다.

졸업 후 영화판에서 아등바등하던 때 얘기다. 알바를 하느라 정신이 없던 나에게 한 감독이 쓴소리를 했다. 내가 영화에 집중하지 않고 쓸데없이 딴짓에 너무 에너지를 많이 쓰고 있다는 것이다. 그러면서 24시간 전부를 영화에 쏟아붓는 열정이 없으면, 영화를 위해 모든 걸 걸지 않으면, 시나리오도 나오지 않고 영화도 찍을 수 없다고 덧붙였다. 가슴이 쓰렸다. 하지만 나는 내가 영화에 대한 열정이 부족하다는 말에 동의할 수 없었다. 경제적으로 여유 있던 감독의 충고는 가슴에 전혀 와닿지 않았다. 밥벌이의 고단함이 없는 부르주아의 어쭙잖은 참견으로만 느껴졌다.

불현듯 영화학교 시절 기억도 떠올라 착잡해졌다. 입학시험을 치른 후 최종 면접 자리였다. 영화과 교수가 물었다. 집에 돈이 좀 있느냐는 것이다. 상상도 못한 질문이어서 너무 놀랐다.

"그게 제가 영화하는 거와 무슨 상관입니까?"

교수의 대답은 이랬다.

"이 바닥도 집에서 지원해 주지 않으면 어려워요. 운이 따라 주지 않으면 오래 버티기 힘듭니다."

세월이 흘러 영화에 대한 열정과 불안정한 생계 사이에서 갈등하고 있을 때 자꾸만 그 교수의 말이 떠올랐다. 인정하기 싫었지만 먹고사는 것에 급급해서 영화와 점점 멀어지는 나 자신을 받아들여야 했다. 버티려면 열정보다 더 필요한 것이 돈이라는 현실을 뼈저리게 자각한 순간이었다. 영화는 열정만 있으면 된다는 믿음은 현실을 도외시한 순진한 판타지였다.

희한한 일이었다. 영화 일에 매진할수록 빚이 늘었다. 영화판에 들어갔던 2000년 중반 나는 계약서도 쓰지 않고 일했다. 연출부로 일하거나 시나리오 각색을 했지만 계약금에 대한 이야기는 들어 본 적이 없었고, 각본을 쓰고 있어도 신인이고 경력이 없다는 이유로 영화화되면 크레딧에 올려 주겠다는 구두 약속만 들어야 했다. 당시 스태프로 들어간 영화 몇 편이 초반에 줄줄이 엎어지자 남는 건 빚밖에 없었다. 시나리오도 썼고 독립영화도 만들었지만 빚은 줄지 않았다. 이상했다. 열정적으로 영화에 헌신했지만 수중에 남은 건 빚뿐이었다. 빚을 갚기 위해 다시 알바 전선으로 뛰어들어야 했다. 먹고사는 문제가 절박한데 '먹고사니즘'이 해결되지 않은 채 열정 페이를 강요하는 영화에 올인할 수는 없었다. 영화에 대한 열정을 의심할 시간에 당장 생활비를 벌고 카드 빚을 갚는 것이 더 급했다.

어디선가 '영화계 탈출은 지능 순이다'는 자조 섞인 글을 읽었던 기억이 난다. 그럴지도 모른다. 영화판은 '네가 좋아서 하는 일'이라는 빌미로 영화에 투신하는 이들을 착취의 대상으로 여겼다. 노동에 대한 정당한 보수 대신 '열정 페이'를 주거나 '입봉하면', '대박 나면' 같은 공수표를 남발하고 희망 고문으로 임금 체불을 당연시했다. 어쩌면 영화 현장에서 일하는 것보다 알바를 하는 것이 더 나았다. 시급으로 정확히 계산된 임금이 정해진 날짜에 들어온다는 점에서. 일당 받는 행사도우미가, 마트 점원이, 단기직 회사원이 더 좋았다. 엎어지면 중도금, 잔금도 못 받는 영화 일보다, 창의력을 밑도 끝도 마감도 없이 쥐어짜야 하는 시나리오 작가보다 차라리 나았다.

## 예술도 '노동'이다

세상은 이렇게 말한다.

"넌 프리랜서니까 하고 싶은 거 원 없이 하면서 출퇴근도 없는 자유를 누리잖아. 그러니까 억울해도 감당해야지."

"너는 젊으니까 돈이 없어도 열정으로 버텨야지. 돈을 덜 받거나 설령 못 받더라도 경험을 쌓고 배운다는 마음으로 일해야 하는 거 아냐?"

한때 나 역시 그렇게 생각했다. 자신이 원하는 예술을 하려면 가난은 당연히 감내해야 하는 거라고. 예술가인 내가 가난을 자발적으로 수용하는 거라고 스스로를 설득하기도 했다. '누가 알아주지 않아도 나는 예술가야, 아직 운이 틱지 않아서, 재수가 없어서 이 일로 돈을 못 번 거야.' 이런 식으로 스스로에게 주문을 걸면서 임금이라는 실질 소득 대신 내적 보상으로 위안을 삼았다.

상위 5퍼센트에 끼지 못한 대다수의 예술인은 이처럼 금전적 보상

대신 예술가라는 자의식으로, 심리적인 자존감으로 버티고 있을 것이다. 그러나 자기 위안은 예술가의 정체성을 유지하는 데는 꽤나 유효할지 몰라도 의식주를 해결하는 데는 전혀 도움이 안 된다. 자의식이 자기 비하로, 자존감이 열등감으로 전락하지나 않으면 다행이다. 오히려 피해의식에 사로잡히거나 예술가로서 자기 직업 또는 정체성에 의문이나 회의, 환멸을 품기 십상이다.

예술가는 원래 가난하고 배고픈 직업이라거나 돈에 연연하지 않는 거라고 한다. 하나는 맞고, 하나는 틀렸다. 예술가는 남이 시켜서 등 떠밀려 되는 것은 아니다. 예술인은 스스로 하고 싶어서, 좋아서 시작한 사람들이다. 맞다. 하지만 좋아서 시작했다고 해서 돈에 초연한 것은 아니다. 예술인도 창작자 이전에 생활인이기 때문이다. 배를 곯으면 예술은 나오지 않는다. 곯아도 예술을 하고 싶은 건 마음뿐이지 현실은 아니다. 마음으로야 언제나 예술을 하고 있지만 현실은 돈이 있어야 예술도 한다. 그러므로 예술은 가난해야 나온다는 말은 사실이 아니다. 풍족하지는 않아도 적어도 끼니 걱정은 하지 않고, 집세 걱정 안 하고, 아프고 병들 때 병원에 갈 수 있을 정도는 되어야 예술도 나온다.

자기가 좋아서 예술을 하는 사람이 왜 대가를 원하느냐고 반문하는 사람들이 있다. 예술을 자원 봉사나 공짜 서비스로 여기는 태도다. 이들은 가난한 예술인을 동정과 연민으로 바라보며 온정을 베푸는 시혜의 대상으로 취급한다. 연기 지망생에게 연기할 기회를 줬으니 출연료는 안 줘도 되고, 작품을 발표할 장소를 제공했으니 작업비나 공연료는 주지 않아도 된다고 생각한다. 보수가 얼마인지 물으면 '예술을 하는 사람이 왜 돈을 밝히느냐'며 정색을 하거나 '좋은 일 하자는데 돈이 전부는 아니잖은가'라며 예술인을 속물 취급하고 '우리 기관(업체)은 돈 없으니 재능 기부를 해 달라'며 대놓고 생떼를 쓴다. 선심을 써 주었으니 그만큼 알아서 공짜로 해 달라는 식이다. 기함할 노릇이다.

하지만 돈이 없다면 애초에 요청도 의뢰도 고용도 하지 말았어야한다. 적절한 보상 없는 기부는 가난한 예술인에게는 노동 착취다. 그건 명백히 '유노동 무임금'이며, 배부른 사람들이 저지르는 뻔뻔하기 짝이 없는 무례다. 재능 기부는 예술인 개인의 의사를 따라야 할 문제다. 예술인이 '자발적으로' 원할 때만 기부라는 취지에 부합하는 것이다. 물론 어느 정도 경제적 성공을 거둔 예술가들은 기부를 요청받아도 흔쾌히 응할 수 있을 것이다. 그들은 돈의 압박에서 '프리'해졌기 때문이다. 하지만 재능으로 밥벌이하기에도 시간이 모자라고 물질적 여유도 없는 예술가들에게 재능 기부 운운하는 것은 기부가 아니라 '강요'일 뿐이다.

'자기만족을 위해 하는 예술'과 직업적 활동이자 '노동인 예술'은 분명 다르다. 누가 시키지 않아도 재밌어서 한번 해 보는 일, 심심해서 제 돈 들여 가면서 심취하는 일은 오락이거나 유희다. 속된 말로 '자뻑'을 하고 싶으면 취미로 하면 된다. 한번쯤 해 보는 거야 무슨 대수겠는가. 그러면 노동의 대가에 연연하지 않는다. 하지만 작가가 되겠다, 영화감독이 되겠다, 배우가 되겠다는 것은 나도 글을 한번 써 보겠다, 재밌어서 영화를 한번 찍어 보고 싶다, 연기를 해 보고 싶다는 것과는 전혀 의미가 다르다. 예술인은 평범한 직장인처럼 예술을 '직업'으로 하는 사람이다. 다만 종류가 다른 직업인 것이다. 직업은 말 그대로 그 일로 돈을 받을 수 있는 능력이 있다는 뜻이다. 예술로 자기표현과 자기 증명을 넘어서 타인과 소통하고 관객을 만나고자 하는 사람은 이미 취미의 경계를 넘어선 것이다. 단순한 자아도취와 자기만족에 그치지 않고 예술을 향유하고 소비하는 대상을 염두에 두고 행하는 모든 예술은 이미 그 작업 자체로 노동이다. 더구나 노동으로서 예술은 말 그대로 끊임없이 노동을 해야만 가능한 것이다.

나는 돈에 '프리'해서, 돈에 연연하지 않아서 영화를 하고 글을 쓰고 있는 것이 아니다. 시간이 남아돌아 재미 삼아 프리랜서가 된 것도 아니고, 취미로 예술을 하는 것도 아니다. 일부러 가난이 좋아서, 가난하고 싶어서 예술을 시작한 사람도 아니다. 돈 없이 열정만으로 일하고 싶은 사람도 아니다. 나는 자고 일어나서 양치질하면서도 원고 생각, 밥을 먹으면서도 원고 생각, 잠자리에 들어서도 원고 생각을 한다. 친구를 만나 술 한 잔 기울이고 싶어도 글을 써야 한다는 생각에 참고 마음을 접는다. 자고 밥 먹는 시간 빼고는 오로지 글만 쓴다. 당장 벌이가 없는데도 글을 마칠 때까지 한번 버텨 보자며 마음을 다스린다. 내가 책상에 앉아 글을 쓴다고 해서 누가 꼬박꼬박 월급을 주는 것은 아니다. 누가 일을 하나 안 하나 감시하는 것도 아니다. 돈도 안 되는 일에 왜 이러고 있을까 하는 생각보다 글을 쓰고 싶다, 책을 출간하겠다, 영화를 만들겠다는 마음이 더 앞선다. 당장 돈은 안 되어도 책임감을 느끼며 일하고 있으니 그래서 글쟁이인 거고 작가인 거라고 생각한다. 그렇다면 정신을 써서 머릿속에 담긴 생각을 열 손가락을 열심히 움직여 자판을 두드리며 몇 개월에서 수년에 걸쳐 지면에 옮겨 놓는 나의 작업은 노동인가 아닌가. 언젠가 영화로 만들어질 날을 꿈꾸며 오늘도 시나리오를 한 자 한 자 써 내려가고 있는 일은 노동인가 아닌가. 상영할 수 있을지 없을지, 돈을 벌 수 있을지 없을지도 모를 영화를 만들겠다고 카메라를 들고 있는 이 일은 노동인가 아닌가. 내가 좋아서 하는 일이므로 이건 노동이 아닌 것인가.

## 예술계도 1 대 99 사회

2019년에 실시한 예술인 대상의 설문 조사 결과를 읽었다. 경력 단절 이유 1위는 '수입 부족'이었다. 평균 연봉은 1,451만 원이고, 설문 대상자 중 27.5퍼센트는 1년간 수입이 0원이다. 내 이야기였다. 생계에 안정성이 없다는 것은 미래를 설계할 수 없다는 뜻이다. 예술 그 자체는 순수할 수 있지만 예술이 발현되는 방식과 예술이 반영하는 사회는 자본의 논리에 극도로 충실하다. 자본주의 사회에서 예술가를 비롯한 모든 프리랜서는 불완전 고용에 시달리는 저임금 노동자다. 특히 가진 것 없는 노동자 계급 부모에게서 태어나 자란 이들에게는 상시적 고용 불안은 일상이자 존재의 상태다. 나는 아직도 예술가는 고흐처럼 살아야 한다는 식의 판타지에 젖어 있는 이들, 예술은 원래 배고픈 직업이라거나 배를 곯아야 좋은 예술이 나온다거나 고통 속에서 예술이 피어난다고 지껄이는 인간들을 보면 한 대 갈겨 주고 싶다.

예술은 우리가 사는 사회, 경제 구조와 동떨어져 존재할 수 없다. 예술은 이 사회에 살고 있는 예술가들의 삶과 노동 속에서 구현된다. 예술은 인간 노동의 산물인 것이다. 창작 행위 역시 엄연히 육체노동을 기반으로 하는 정신노동이다. 서비스 직종 노동자들의 직업적 특성을 '감정노동'이라고 부르듯 예술노동은 정신노동을 전제로 한 감정노동이자 육체노동인 것이다. 그렇지 않고 예술을 경제활동의 밖에 있는 순수 그 자체라 생각한다면 필연적으로 창작 행위를 노동이라 부르는 것 자체를 금기시하게 된다. 예술을 현실과 동떨어진 무엇으로 여길수록 예술 활동은 노동에서 점점 멀어진다. 예술인들이 자신이 하는 일을 오직 치열한 열정의 산물로, 차원 높은 고매한 정신 활동으로, 돈으로 매길 수 없는 미적 가치로만 간주한다면 자신을 '노동자'로 부르는 것을 주저할 수밖에 없다. 더 나아가 자신의 작업을 노동으로 명명하는 것조차 부끄럽게 여기게 될 것이다.

그러나 이런 관점을 유지하는 한, 예술가들은 항상 가난해야 하고, 가난을 증명해야 할 것이며, 예술노동의 대가인 임금을 받지 못한 채 착취당할 것이다. 한국뿐 아니라 전 세계 어디를 보더라도 예술가들만큼 저임금으로 착취당하는 직업군이 있을까 싶다. 아무리 오랜 기간 전문적 교육을 받고 자신이 보유한 재능과 기술을 제공해도 최저시급에도 못 미치는 대가를 받기 일쑤다. 사회적으로 유명세와 부를 거머쥐지 못했을 때는, 거의 무능력한 백수로 취급되는 것이 예술가의 삶이다. 예술가들이 실업수당이나 저렴한 사회보장이라도 받는 건 여전히 서구에서나 가능한 소리다. 일례로 프랑스에는 앵테르미탕이 있다. 예술가들이 매달 모든 수입을 정부에 신고하고 그 절반 정도를 보험료로 내면 돈을 적게 벌 때 일정 소득을 보장해 주는 복지 제도다. 돈벌이가 불규칙한 예술가들이 꾸준히 창작 활동을 할 수 있게 장려하려는 것이다. 만약 한국에서 예술인들이 이런 복지 제도를 요구한다면 어떤 반응일까. 공짜나 바라는 이기적인 얌체족 또는 가난을 핑계 삼은 나태한 백수로 비난받을 것이다.

대한민국에서는 예술가가 자신의 일을 정당한 노동으로 인정받는 일이 아직도 요원하다. 봉준호 같은 유명한 영화감독이 되고 싶다는 꿈을 품고 대박 영화를 찍겠다고 또는 나만의 영화를 하겠다고 말하는 어린 후배들, 청년들을 만날 때가 있다. 그때마다 나 역시 과거 그 교수처럼 묻고 있다. 젊은 영화인의 꿈과 열정에 찬물을 끼얹는 내가 몹시 부끄럽다. 자괴감마저 든다.

"안 뜰지도 모르고 돈 못 벌 수도 있는데 버틸 수 있어요? 가난할 텐데 그래도 좋아요? 돈 벌고 유명해지는 사람은 극소수인데 그래도 계속할 만큼 영화를 사랑해요? 영화로 버는 돈보다 알바해서 먹고사는 시간이 더 길 텐데 괜찮겠어요? 나이 먹어도 그렇게 사는 것에 불안해하지 않고 후회하지 않을 수 있겠어요?"

'예술은 길다'고 한다. 그러나 '생활고도 길다'는 것은 왜 아무도 말하지 않는 것인가. 부와 명예를 거머쥔 소수의 예술인과 가난과 궁핍을 견디어 내야 하는 다수의 예술인으로 분리되는 사회, 성공하지 못한 예술인을 능력 없는 패배자로 낙인찍는 사회는 건강한가. 예술가의 빈곤은 정말 예술인의 능력 부족 탓인가. 인건비 절감을 위해 예술인들에게 재능 기부와 열정 페이를 강요하는 이 사회는 과연 정당한가. 영화를 비롯해 예술 관련 기관과 단체 그리고 업체들은 예술가들에게 제대로 노동의 대가를 지불하고 있는가. 예술노동을 공짜로 간주하고 재능을 착취하고 임금을 갈취하고 있는 것은 아닌가.

# 알바 노동자로 20년

최근에 '20대 직장인 평균 연봉이 3000만 원'이라는 기사를 읽었다. 이거 실화냐? 그러면 한 달 월급이 250만 원이란 소리다. 도저히 믿을 수 없었다. 여기서 직장인은 대기업 정규직 남성을 기준으로 한 것은 아닐까. 내 주변에는 나이를 막론하고 250만 원 이상을 받는 친구들이 별로 없다. 생각해 보니 나를 포함해 지인들은 모두 계약직 비정규직이다. 내가 프리랜서라서 정규직인 사람을 별로 알지 못하는 탓도 있으리라. 영화나 예술 관련 분야에 종사하는 사람들은 직종 특성상 남녀 할 것 없이 프리랜서가 대부분이기 때문이다. 예술만 해서는 먹고살기 힘들어 남자들은 대리운전자, 택배기사, 건설현장 일용직 노동자 등으로 밥벌이를 하는 경우가 많고, 여자들은 강의를 하거나 학원·학습지·공부방 선생으로 일하기도 한다.

직장에 다니는 친구나 지인들도 별반 다르지 않다. 회사를 다녀도 계약직인 경우가 태반이다. 정말 내 주변에는 비정규직이 아닌 사람이 없는 걸까. 정규직이 한 명도 없을까 싶어 곰곰이 헤아려 봤다. 일가친척을 비롯해 대학 동창생들과 아는 사람들을 죽 훑어보았다. 공교롭게도 내가 알고 있는 정규직은 전부 남성이었다. 특히 사십대에선 남성밖에 없었다. 반면 나와 같은 사십대 비혼 여성들, 주변의 지인들은 분야를 막론하고 모두 나처럼 프리랜서거나 계약직 아니면 영세 자영업자였다. 통계는 단순히 숫자 놀음이 아니었다. 우리가 처한 현실이었다.

## 흔들리는 삶들

후배는 학자금 대출을 받아 대학을 졸업했다. 졸업과 동시에 2천만 원이 넘는 빚쟁이가 되었다. 그 때문에 졸업하자마자 학원 강사를 하고 있다. 적성에 안 맞는데도 오직 빚 갚을 요량으로 일하는 직장이라 스트레스가 이만저만이 아니다. 하루빨리 빚을 갚아야 하는데 생각처럼 돈이 모이지 않는다. 다람쥐 쳇바퀴 같은 생활이 답답할 때, 미래가 보이지 않을 때면 차라리 다 때려치우고 싶다고 푸념한다. 요즘은 부쩍 취업비자를 받아 외국으로 일하러 가고 싶다고, 아예 한국을 뜨고 싶다고 한다.

내가 알바를 하던 회사에서 만난 이십대 인턴은 160만 원 조금 넘는 월급에 1년 계약직으로 근무를 시작했다. 그는 야근수당을 주지 않는 회사에 불만이 가득했다. 해외 연수를 다녀오고 각종 자격증도 취득하며 스펙을 쌓아 놓은 '준비된 인재'인 그에게 돌아온 것은 지켜지지 않는 퇴근 시간과 초과노동뿐이었다. 이런 대우를 받으려고 대출까지 받아 가며 공부에 돈을 쏟아부은 것이 아닌데, 후회막급이란다. 이미 학자금 대출로 빚이 있는 상태지만 은행 대출을 받아서라도 대학원에 가는 게 낫지 않을까 싶어 고민 중이다.

1년 계약직으로 작은 회사에서 일하는 삼십대 지인은 항상 불안감을 감추지 못한다. 재계약을 기약할 수 없기 때문이다. 버티고 버텨 정규직이 되기를 꿈꿔 보지만 매년 계약 종료 때마다 가슴을 졸여야 하는 신세가 너무 괴롭다고 했다. 자기보다 어리고 학벌 좋은 사람들이 자꾸 입사하니, 언제까지 이 일을 계속할 수 있을지 모르겠다며 우울해한다.

동네 골목 귀퉁이에서 두 평이 채 안 되는 테이크아웃 카페를 운영하던 삼십대 후반 이웃은 건물주가 건물을 갑자기 팔아 버리는 통에 권리금도 못 받고 가게를 접었다. 이후 길에서 우연히 만났는데 어느 회사의 계약직 직원이 되어 있었다. 장사로 돈을 벌기는커녕 빚만 진 바람에 독립은 물 건너갔고 여전히 부모 집에 얹혀산다고 했다.

사십대 자영업자 친구는 불경기가 지속되자 궁여지책으로 투잡을 뛰고 있다. 다른 영세 자영업자들도 적자를 보고 있는 터였다. 버는 돈은 적은데, 가게 월세에 세금까지 나가는 돈이 너무 많아 허리가 휜단다. 친구는 차라리 남이 주는 월급을 받고 일하는 게 낫겠다고 푸념했다. 그는 자기 가게를 내는 게 꿈이라는 사람들에게 건물주가 아니면 장사 따위는 해서는 안 된다고 입버릇처럼 말한다.

동네에서 알고 지낸 독신 지인은 하던 일을 다 접고 귀촌했다. 가족의 생계를 책임지다 보니 아무리 열심히 일해도 돈이 술술 새어 나갔다. 돈을 채워 넣어도 금세 또다시 빚을 지고 원점으로 돌아오는 다람쥐 쳇바퀴 같은 서울살이에 지쳤다고 했다. 마흔이 되었는데도 달라지지 않는 생활. 오십이 넘어서도 계속 똑같이 살 생각을 하니 덜컥 겁이 났단다.

몇 년간 시나리오에 매달렸던 비혼 감독은 결국 영화화되지 못한 시나리오를 접고 영화사에서 밀린 잔금을 받지 못한 채 나왔다. 이후 생활고에 치이다 못해 벼룩시장, 인터넷 등의 구인구직 광고를 보기 시작했다. 운 좋게 채용된 곳에서 단기 알바를 시작했다.

비즈니스호텔에서 계약직 노동자로 일했던 사십대 친구는 잘린 직원 두 명과 고용노동부에 진정서를 냈다. 그는 일 년 반 넘게 최저시급도 못 받았다. 임금을 떼먹는 것도 모자라 직원용 식사마저 형편없던 곳이었다. 겉으로는 가족 같은 경영을 내세웠지만 실제로는 여자라고 무시하고 툭하면 갈구었다고 한다. 스트레스를 하도 받아서 해고당한 것에는 한 점 미련도 없다. 실업급여를 받고 나서 앞으로 무엇을 할지 천천히 생각하고 싶단다.

모 기관에서 계약직으로 일했던 한 지인은 재계약이 불발되는 바람에 자의 반 타의 반 백수가 되었다. 정규직으로 전환해야 할 시기가 왔고 그는 재계약 면접에서 물을 먹었다. 이미 내정된 사람이 있었다는 걸 나중에 알아챘는데 그보다 한참 어린 사람이었다. 그를 정규직으로 채용하지 않으려는 기관의 꼼수였다. 뒤통수를 맞았다는 걸 알았지만 이미 늦었다. 친구는 다른 계약직 일자리를 알아봐야 했다. 스펙 좋고 경력도 출중하지만 마흔이 넘으니 요즘은 가는 곳마다 채용 장벽을 실감하는 중이다. 여자라서, 나이와 경력이 많다는 것이 오히려 문제가 되는 현실에 분통을 터뜨렸다.

대학원을 졸업하고 이런저런 대학교에서 보따리 강사로 뛰던 친구는 한동안 일자리가 들어오지 않아서 돈에 쪼들렸다고 했다. 결국 생활비가 모자라 부모에게 손을 벌릴 수밖에 없었다. 생계에 대한 불안보다 더 견디기 힘들었던 건 자신을 나이 먹고도 제대로 자리를 잡지 못하고 결혼도 안 하고 혼자 사는 딸이라며 안쓰러워하는 부모의 눈빛이었다. 그 후 자괴감에 빠져 한동안 불면증과 우울증에 시달렸다고 씁쓸하게 털어놓았다.


## 알바 노동자로 20년

지금껏 나도 비정규직 알바 노동자로 살았다. 이십대 중반에서 삼십대 초반 사이에 학원 전임강사로 일했던 경력 말고는 줄곧 그랬다. 사실 학원 강사도 계약직이었고 정규직은 아니었으니 대학교를 졸업한 이래 계속 비정규직으로만 살아온 셈이다. 학원 강사, 과외교사로 시작해 짬짬이 마트 판매원, 텔레마케터, 카페 점원, 행사도우미, 영화 연출부원으로 일했다. 통번역, 리포트·논문 대필, 행사 사진·영상 촬

영, 사무 보조, 시나리오 각색 등의 일도 했고, 영화제와 시나리오 심사를 맡거나 자잘한 청탁 원고도 썼다. 책 쓰기와 타로 리딩도 했다. 전공을 살리기도 하고 전공과 전혀 무관한 일도 하면서 근근이 먹고 살아 왔다. 그 사이사이에 영화를 만들었지만 사실 영화 일을 한 기간보다 이런저런 알바에 치중한 시간이 더 길었다. 헐, 곱씹어 보니 이런 식으로 산 지 벌써 20년이 넘었다.

이쯤 되면 내게 묻고 싶을지 모르겠다. 알바만 해서 과연 먹고살 수 있느냐고. 물론이다. 당연히 먹고는(!) 살 수 있다. 2019년 기준 OECD 가입국 중 경제 규모 11위인 대한민국에서 이제 기아에 허덕이다 굶주려 죽는 사람은 거의 없다. 어떡하든 입에 풀칠은 할 수 있다. 카드를 그어 빚을 내서라도 먹을 수는 있다. 다만 무엇을 먹느냐, 즉 질의 차이가 있을 뿐이다. 지금은 상대적인 빈곤이 더 크게 사람들을 뒤흔드는 시대다. 이제 가난의 개념은 '생존에 꼭 필요한 요소가 없는 상태'가 아니라 '자신이 속한 사회에서 기본적인 삶의 조건을 꾸리는 데 필요한 자원을 얻을 수 없는 (상대적 박탈) 상태'로 바뀌었다. 즉, 보통의 한국인들이 누리는 사회, 문화적 다양한 활동에서 배제되는 것, 다시 말해 평범한 한국인들이라면 누구나 일상적으로 누릴 수 있는 자원이 결핍된 상태를 뜻한다는 것이다.

보통 가난 하면 사람들이 흔히 떠올리는 상투적인 이미지가 있다. 서울역이나 지하보도에서 구걸하는 노숙인, 단칸방에서 버티는 불치병 환자 또는 중증 장애인, 비가 줄줄 새는 쪽방에 사는 독거노인, 못 먹어 뼈만 남은 채 죽어 가는 어린아이. 이 정도는 되어야 '불우이웃'이라고 생각한다. 시대가 변했는데도 빈곤을 바라보는 고정관념은 바뀌지 않았다. 하지만 한국 사회 곳곳, 우리 주변에 존재하는 가난의 모습은 이 같은 전형성과는 거리가 멀다. 21세기 빈곤의 풍경은 과거와 확연히 달라졌다. 생리대를 살 돈은 없지만 스마트폰은 쓰고, 빚이 있어도 자동차를 굴리고 카드로 배달음식을 시켜 먹는 가난이 더 일상적이다. 따라서 기초생활수급권자라면서 어떻게 스마트폰이 있느냐, 싱글 맘인데 어떻게 자가용이 있느냐고 비난하는 것은 나에게 알바로 먹고산다면서 어떻게 해외여행을 가는가라고 묻는 것과 똑같다. 번지수를 한참 잘못 찾은 질문이며 21세기 빈곤의 민낯에 철저히 무관심하다는 반증이다. 이 사회는 불평등의 심화라는 사회 구조적 모순은 그대로 놔둔 채 빈곤을 오직 개인과 가족의 책임으로 간단히 돌려 버린다. 가난한 것은 내 탓도 네 잘못도 아닌데 말이다.

## 장바구니 물가, 세계 2위

2018년 가계 지출 내역 조사 결과에 따르면, 월 소득 100만 원이 안 되는 가정에서 가장 많이 쓰는 곳이 식료품·비주류 음료 구입비(23만 2000원)였다. 그다음이 주거·수도·광열비(21만 4000원), 보건비(11만 8000원), 음식·숙박비(11만 7000원) 순이었다. 반면 오락·문화비(5만 8000원), 교육비(4만 5000원), 주류·담배 구입비(1만 8000원)에 쓴 돈은 소득의 10퍼센트 수준에 불과하다. 소득이 낮을수록 전체 지출액에서 식료품 구입비가 크다. 의식주 중에서 '식'에 주로 쓰고 주거, 병원비 등 생존에 꼭 필요한 곳에만 지출했는데도 적자를 면치 못한다. 이처럼 엥겔지수가 높은 이유는 벌어들이는 소득에 비해 물가가 더 가파르게 오르기 때문이다.

2020년 기준으로 전 세계에서 생활비가 가장 비싼 나라가 스위스다. 대한민국은 10위다. 그런데 한국은 장바구니 물가가 세계 2위다. 세계 1위인 스위스 다음으로 높다. 노르웨이 같은 북유럽과 맞먹는다. 최저임금은 스위스나 북유럽 국가의 반인데, 생존하는 데 필요한 가장 기본적인 식료품 물가는 엇비슷하다. 따라서 수입이 적을수록 체감 물가는 살인적일 수밖에 없다. 한마디로 한국에서는 저소득 노동자일수록 먹고살기가 어렵다는 소리다. 당연히 이들은 문화, 여가 활동 그리고 교육에 돈을 쓸 여력이 없다. 아예 엄두도 내지 못하는 것이다.

나는 매달 100만 원 이상을 고정적으로 벌지 못한다. 갚아야 할 카드 빚은 있어도 모아 놓은 돈은 단 한 푼도 없다. 일해서 번 돈으로 카드 빚을 갚고 나면 통장 잔고는 언제나 0원이다. 언론이나 인구 통계에서는 나 같은 사람을 차상위계층이거나 저소득층 1인 가구 또는 도시 빈민이라 부를 것이다. 이런 내가 때때로 해외여행을 다니고 극장에 가고 전시회를 보러 가는 여유를 부릴 수 있는 결정적인 이유는 단 하나다. 경제적으로 책임져야 할 부양 가족이 없기 때문이다. 그게 진실이다. 1인 가구 비혼이기 때문에 가까스로 버틸 수 있는 삶이다. 지금까지 큰 병 또는 사고 없이, 자살하지 않고 어떤 식으로든 살아

있다는 것만 해도 운이 좋았다고 여기는 순간이 종종 있다. 사회 안정
망도, 복지도 부실한 대한민국, 무한 경쟁으로 노동자를 사지로 모는
신자유주의 자본주의 사회에서 불안정하게 각종 알바를 전전하면서
도 살아 있고 살아가고 있다는 것이 얼마나 다행이며 천운인지 새삼
놀란다.

부양 식구가 있는 2인 가족이 서울에서 생활할 때 한 달에 얼마나
들까. 서울시 조사 결과에 따르면 평균 230만 원이다. 2020년 기준으
로 최저 시급이 8,590원이니, 최소 월급으로 환산하면 179만 원 선이
다. 내 경우, 학원 강사를 하던 시절에 대략 180만 원을 벌었다. 그 덕
분에 부모 도움 없이 저축해 영화학교에 들어갈 수 있었다. 그때는 수
중에 빚이 전혀 없었다. IMF 사태가 터지기 직전이었다.

최근 학원 강사로 일하는 지인들에게 월급이 얼만지 물어보았다.
초중고마다 다르지만 평균 200만 원 안팎이란다. 말문이 막혔다. 20
여 년 전 내가 받던 돈과 크게 차이가 나지 않았기 때문이다. 그동안
실질임금은 오른 게 아니라 대폭 준 것이다.


## 알바가 본업이 되어 버린 세상


졸업 후 알바 등으로 생계를 이어 가는 나를 가족들은 의구심 가
득한 눈으로 바라봤다. 가족들에게 나란 존재는 대책 없는 자식이거
나 이해 불가능한 형제였다. 노모는 말끝마다 자식들 중에서 안정적

인 직장 없이 속절없이 나이만 먹어 가는 내가 제일 걱정스럽다고 한다. 쟤는 뭘로 먹고사나, 늙으면 어쩌나, 내가 죽고 나면 어쩌나. 가장 마음이 쓰이는 자식이 바로 나라고 하셨다. 어머니와 통화할 때 '밥은 먹고 다니냐'와 같은 빈도로 자주 듣게 되는 말이 있다. '집세는 내고 사냐? 빚은 안 졌냐?' 돈을 대신 내 줄 형편이 아니기에 노파심에서 던진 말, 자식에 대한 미안함과 걱정이 담긴 말이란 걸 잘 알고 있다.

하지만 가족들의 이런 반응을 볼 때마다 기분이 썩 좋지는 않다. 한 번은 '알바로 살면서 노후 대책은 있냐'는 언니의 참견에 그만 폭발하고 말았다. '너나 잘하세요'라며 대거리를 했지만 입맛이 아주 썼다. 이런 일이 벌어질 때마다 정말이지 진이 빠진다. 가족들의 쓸데없는 오지랖을 잠재우기 위해서라도 더 괜찮은 척을 할 수밖에 없다. '전 잘 지내요'를 평소보다 더 크게 몇 번이고 되풀이한다. 행여 가족에게 경제적으로 부담을 주거나 도리어 부양을 받아야 하는 처지가 될까 봐 무시로 마음을 굳게 먹는다.

얼마 전 극장에 갔다가 광고를 봤다. 구직구인을 알선하는 알바업체의 광고였다. '알바를 리스펙트'라는 말이 귀에 꽂혔다. 굳이 알바를 존중하자는 말을 하는 건 현실이 정반대라는 말이겠지? 실제로 얼마나 알바를 무시하면 저런 캠페인성 광고가 나올까 싶었다. 직업이 뭐냐고 물을 때 당당히 '알바 노동자입니다'고 말하는 사람이 과연 몇이나 될까. 알바도 엄연히 노동이고 어엿한 직업인데 왜 이런 머뭇거림 또는 자괴감이 퍼져 있는 걸까.

도대체 알바가 뭐길래? 알바는 '노동' 또는 '업적'이라는 뜻을 지닌 독일어 '아르바이트(Arbeit)가 일본에서 다시 한국으로 건너와 지금과 같은 뜻으로 정착한 것이다. 원래 알바란 '취업이 안 된 학생들이나 돈이 더 필요한 직장인 등이 본업 이외에 부업으로 한정된 기간에 하는 일'을 뜻했다. 하지만 현재의 알바는 단순한 시간제 근무만을 의미하지 않는다. 시간제 근무 외에 계절적·일시적 형태의 노동, 파트타임 노동, 일용 노동, 임시 노동, 단기 노동 모두 알바다. 단순한 경험 쌓기나 부업 정도가 아닌 지 오래되었다.

지금 한국 사회는 부모 세대가 살았던 시대와 다르다. 알바로 먹고 살고 알바가 본업인 사람들이 더는 낯설지 않은 세상이다. 그럼에도 사람들은 프리랜서나 알바를 제대로 된 직업으로 생각하지 않고 노동자로 존중하지도 않는다. 알바라고 하면 제대로 된 직업 같기보다는 어쩔 수 없어서 잠시 스쳐 지나가는 일자리에 종사하거나 뭔가 시간이 남아도는 사람들로 여긴다. 정규직이 아니라는 이유로 같은 일을 해도 동일한 임금을 주지 않는다.

이 나라에서 비정규직으로 산다는 것은 해가 바뀌어도 임금이 그대로이고 삶의 질이 똑같을 수 있다는 뜻이다. 알바 노동자로 산다는 것은 다람쥐 쳇바퀴 도는 삶을 산다는 것이다. 닥치는 대로 일을 하고 돈을 벌고 있지만 빚을 갚고 나면 다시 원점이다. 나이는 계속 먹는데 경력은 제자리걸음이고 물가가 오르는 만큼 임금은 오르지 않는다. 생각할수록 이상하다.

그동안 나는 나름 치열하게 성실히 살아왔는데 왜 나아지는 게 없을까. 대학 졸업 후 지금까지 도대체 무엇을 하면서 살았던 걸까. 열심히 살았는데 왜 가난에서 벗어날 수가 없을까. 이런 생각을 자꾸 하다 보면 도저히 헤어 나올 수가 없다. 나도 모르게 자기 비하라는 덫에 빠진다. 으악, 안 돼! 출구 없는 우울의 늪으로 투신하려는 마음을 다그쳐서 급하게 정신을 수습한다. 그런데도 가끔 정체 모를 불안이 엄습해 온다. 나 이렇게 살아도 괜찮을까.

# 뭘 봐서 '여성 상위 시대'?

여기저기서 남성들에게 요즘 여자들 살기 편해졌네, 여자라서 살기 편하겠다(?)는 말을 듣는다. 백번 양보해서 여자들도 고등 교육을 받고, 직장인이 되고, 임금노동자가 되었다는 의미에서라면, 과거에 비해 여성들이 재능과 능력을 맘껏 펼칠 수 있는 세상이 된 듯 보이니 그럴 수도 있겠다. 그런데 과연 '여성 상위 시대'가 왔나? 도저히 믿을 수 없어서 기사를 뒤졌다.

현재 한국의 임금노동자 3명 중 1명이 비정규직이다. 2019년 8월 기준 통계청 발표에 따르면 비정규직 노동자가 750만 명에 육박했고, 전체 임금노동자에서 36퍼센트를 차지했다. 문제는 정규직과 비정규직의 임금 격차다. 2018년 6~8월 석 달간 비정규직 월급의 평균을 내 보니 164만 4천 원이다. 정규직의 300만 9천 원의 절반 수준밖에 안 된다. 그런데 비정규직 노동자의 과반이 여성이고, 여성 노동자 10

명 중 4명은 저임금 노동자다. OECD 조사 결과에 따르면 이 비율이 37.2퍼센트(한국 남성의 저임금 노동자 비율은 15.3퍼센트)로 OECD 국가 중 가장 높았다. OECD 평균인 20퍼센트를 가뿐히 뛰어넘었을 뿐 아니라 폴란드(22.6퍼센트), 멕시코(21.7퍼센트), 헝가리(21.1퍼센트)보다도 더 높다.

## 그냥 '여성'이어서
## 덜 주는 것이다

또한 한국은 OECD 국가 중 남녀 임금 격차가 가장 큰 나라다. 《이코노미스트》가 해마다 발표하는 유리천장 지수에서도 OECD 국가 중 29위로 최하위를 놓친 적이 없다. 이 때문에 한국은 매년 국제기구로부터 남녀 임금 격차를 줄이라는 경고와 주의를 받고 있다. 그런데도 전혀 바뀐 것은 없다. 고용노동부가 발표한 남성과 여성의 소득 격차를 보면, 남성 한 명이 평생 동안 100의 임금소득을 올릴 동안 여성의 기대소득은 63에 불과하다. 남성이 일 년간 번 임금만큼 받으려면 여성은 5개월을 더 뼈 빠지게 일해야 한다는 소리다. 더구나 여성의 연령이 높아질수록, 결혼·출산·육아 등으로 경력 단절을 겪은 여성일수록 저임금 노동에 종사하는 비율이 급격히 높아진다. 여성의 일자리가 정규직이 아니라 주로 저임금 비정규직에만 집중되어 있기 때문이다. 어디 그뿐인가. 한국은 남녀 간 임금 평등 지수도 대단히 낮다. 남녀가 유사 직종에 종사해도, 똑같은 일을 해도 여성은 남성보다 임금을 더 적게 받는 것이다.

세계경제포럼이 2018년 발표한 세계 남녀 격차 지수(The Global Gender Gap Report)에 따르면 한국은 전체 149개국 중 115위다. 한국보다 순위가 낮은 나라들은 사우디아라비아, 이란, 이라크, 파키스탄, 콩고 등이다. 그뿐만 아니라 한국은 아시아·태평양 지역 국가들 사이에서도 하위권에 속한다. 최하위 동티모르보다 고작 한 단계 앞서 있을 뿐이다. 세계 10위 경제 대국이며 전 세계를 휩쓴 한류 열풍으로 문화 선진국 대열에 들어섰다는 대한민국이 성차별에서는 근본주의 종교국가나 후진국 수준을 벗어나지 못하고 있는 것이다. 한국은 여성의 삶의 질, 여성의 노동권에 있어서는 후진국이다.

특이한 것은 한국은 남녀 젠더 격차가 경제와 정치 영역에만 국한되어 있다는 사실이다. 보건과 교육 영역에서는 남녀 격차가 거의 없는데, 경제와 정치 영역에서는 세계 평균에 극심하게 못 미친다. 한국 여성은 남성과 동등하게 교육을 받으며 사회에 진출하지만, 정작 경제나 정치 활동에서는 직간접적으로 배제된다는 뜻이다. 대한민국은 여성에게 단순히 경력 단절이 아니라 경력을 쌓을 기회 자체를 주지 않는 사회인 것이다. 다시 말해 대한민국 여성들은 고등 교육을 받고 사회로 나온들 유리천장에 막혀 고위직에 오르기 힘들고, 경제적으로도 성공하기 어려우며, 여성의 권리를 위해 정책을 제안하거나 정치를 바꿀 힘도 얻기 어렵다는 얘기다. 공교롭게도 선진적 보건 의료 시스템 덕분에 가난하게 오래 살 기회만 누린다(?)는 뜻이다.

이처럼 매년 발표되는 세계 통계나 국내 지표만 봐도 단번에 알 수 있는 객관적인 사실을 남성들이 외면하는 이유가 도대체 뭘까? 사람은 고정관념과 편견의 노예다. 있는 그대로 보지 않고 자신이 보고 싶은 대로 본다. 듣고 싶은 말만 듣고, 믿고 싶은 것만 믿으려 한다. 이를 '확증 편향의 오류'라 한다. 고정관념을 깨고 나오지 않는 한 사람들의 확증 편향은 변하지 않는다. 자신이 믿고 싶지 않은 정보는 외면하거나 부정하며 자신의 관념에 반하는 사실은 아예 거들떠보지도 않는다. 선입견을 뒷받침하는 근거만 수용하고 자신의 생각이나 신념을 재확인시켜 주는 정보, 자신에게 유리한 정보만 선택적으로 수용한다. 정보의 객관성 여부는 전혀 상관하지 않는다. 우리는 무의식중에 자신의 고정관념을 강화시켜 줄 만한 것을 계속 찾기 때문이다. 고정관념에 사로잡혀 있다면 사실 그 자체는 더 이상 중요하지 않다. 왜곡된 믿음이 사실보다 우위에 있기 때문이다. 이러니 현실적으로 존재하는 통계와 데이터가 눈에 들어올 리가 없다. 달이 아니라 달을 가리키는 손가락을 믿고 똥이 된장이래도 믿는다.

만일 당신이 여성이 남성보다 더 적게 버는 게 당연하다고 생각한다면 이유는 단 하나밖에 없다. 여성이 능력이 부족하고 실력이 없어서도, 근면하고 성실하지 않아서도 아니다. 오직 '여성'이기 때문이다. 남성과 동등한 실력을 갖추었어도, 같은 일을 하더라도 여성이 저임금을 받아야 하는 이유는 그가 단지 '여자'이기 때문이다. 남자니까 당연히 더 받아야 하고, 여자니까 그냥 입 닥치고 남자보다 덜 받아야 하는 것이다. 여기에는 어떤 합리적인 이유도, 타당한 근거도 없다. 여성은 남성보다 아래에 있는 존재니 덜 받아도 된다고 간주하는 것뿐이다. 이것이 성차별이 아니면 무엇인가.

## 역차별 개념도 바꾸어 놓은 신자유주의

2000년 이후 한국 사회에 표출된 여성 혐오와 남성들이 주장하는 역차별은 본질적으로 동일하다. 20대 남성들이 역차별 운운하면서 반발하는 배경에는 여성이 사회적 약자가 아니라는 인식이 깔려 있다. 역차별 논란이 불거지기 시작한 것은 IMF 사태가 터진 1990년대 후반부터였다. 이 시기에 성평등을 지향하는 것이 아니라 성별 고정관념을 강화하고 여성학에 반대하는 남성학, 페미니즘을 비난·공격하기 위한 '남성협의회'도 등장했다.

20세기 기성세대에게 '역차별'은 철저히 남성 중심으로 돌아가는 한국 사회에서 정치, 경제, 노동을 비롯한 모든 기득권을 쥔 남성들이 힘없고 연약한 여성을 보호한다는 구실로 남자다움을 과시하는 말이었다. 그런데 신자유주의로 재편된 2000년 이후 의미가 달라졌다. 여성이 아니라 남성이 사회적 약자라고 강변할 때 쓰이기 시작한 것이다. 이제 '약한 자여 그대의 이름은 남자'라는 것이다. 과거에는 부자가 아니라 보통 사람들, 평범한 남성들도 '여성 우대'라며 남은 떡을 쉽게 줄 수 있었지만, 지금은 남 줄 떡은커녕 나 먹을 떡 하나도 챙기기 힘들다. 무한 경쟁이나 각자도생이라는 살벌한 말이 당연시되는 세상이다. 고용 불안은 성별과 세대를 가리지 않는다. 이제는 남녀노소 누구나 취업난과 실업이라는 불안감에 시달린다.

이 같은 사회, 경제 구조의 급격한 변화는 남성들의 인식에도 근본적인 변화를 일으켰다. 경기 침체로 청년층의 취업문이 급격히 좁아지자 특히 20대가 겪는 불안정성이 증폭되었다. 경제적 불안감에서 비롯된 20대 남성들의 분노는 자신 또는 타인에 대한 공격으로 표출되고 있다. 분노는 지층의 약한 부분을 뚫고 폭발한다. 그리고 이 남성들에게 역차별의 주범으로 지목되는 대상은 아이러니하게도 언제나 현실에서 실제적으로 차별당하는 여성이다.

## 20대 남성들의 근시안적인 분노

온라인 커뮤니티에서 20대 남성들이 주로 쓰는 '쩐따 존'이란 유행어가 있다. 학교를 졸업했거나 군 복무를 마친 뒤 보내는 취업 준비기를 일컫는 말이다. 취업은 어렵고 지갑은 가벼운데 여자를 만날 때마다 남자가 비용을 내야 하는 것이 너무 억울한 시기가 바로 '쩐따 존'이다. 남자인 나는 아직 취직을 못해 밥값 낼 돈이 없는데 제 것만 챙기려는 이기적인 여자들이, 남자 자존심(?)을 긁는 여자들이 꼴 보기 싫다는 것이다. 그렇다면 밥값을 내지 않고 돈만 밝히는 여친을 둔 자신의 후진 안목을 탓해야 할 게 아닌가. 남자 기죽이는(?) 여자들 때문에 남자의 체면이 손상된다고 생각하는 것 자체가 남성 우월주의가 아닌지 돌아볼 생각은 하지 않고 왜 여성 일반을 공격하는지 알다가도 모를 일이다.

불평등한 사회 구조는 너무 거대하고 복잡하다. 원인을 찾아내고 문제를 제기하고 대안을 찾기에는 시간이 너무 오래 걸린다. 이 사회의 모순을 짚어 내고 문제를 해결하지 않는 국가와 기득권을 비판하고 시정을 요구하는 것보다 얕잡아 보는 여자에게 화풀이를 하는 것이 더 빠르고 즉각적이다. 비겁한 방식이긴 하나, 자신의 불안감을 약자에게, 희생양에게 전가하는 것만큼 안전한 분노 표출 방식이 또 어디 있겠는가. 남성들이 고작 온라인 공간에서 역차별이라며 여성들을 싸잡아 욕하는 이유, 페미니즘을 물고 늘어지는 이유다. 이들은 한국 사회가 '남성에게는 의무만, 여성에게는 권리만 주고 있다'며 울분을 토한다. 남녀 대학 진학률이 역전되고 취업시장 경쟁이 치열해진 마당에 20대 남성 입장에서는 여성을 더는 차별받는 약자로 인정할 수 없다는 것이다.

취업난에 시달리는 20대 남성들은 제 코가 석 자다. 대부분이 자신의 문제 말고 다른 것에는 별로 관심이 없다. 취업난 외의 모든 차별에 대해서는 둔감한 경우가 많다. 그렇다 보니 성별, 젠더, 세대에 따른 고용시장의 변동을 실감하지 못한다. 미래에 대한 불안이 그들의 눈과 귀를 가린 것이다.

그러나 20대 남성들이 주장하는 역차별은 그들의 시선으로, 사회 초년생의 경험만으로 보는 근시안적인 시각이다. 이들은 아직 40대 이후의 기성세대로 진입하지 않았기 때문에 사실을 직시하지 못한다. 성차별의 위력은 20대에는 잘 드러나지 않는다. 실제로 20대에는 남녀가 버는 돈이 크게 차이 나지 않는다. 그런데도 20대 남성들은 취업에 있어 자신들이 역차별을 당한다고 주장한다. 하지만 현실은 다른 이야기를 한다.

계간지 《한국사회학》(제53집 제1호, 2019년)에 실린 김창환, 오병돈 교수의 논문 〈경력단절 이전 여성은 차별받지 않는가? – 대졸 20대 청년층의 졸업 직후 성별 소득격차 분석〉에 따르면, 대학 졸업 후 2년 이내 여성의 초기 소득은 남성보다 19.8퍼센트 적다. 아무리 남자가 피해를 본다고 앓는 소리를 한들 남성들 스스로 잘 알고 있을 것이다. 군필에 학점 3.5점의 남자와 학점 4.0의 여자 중 누가 더 취업이 잘될까. 당연히 남자다. 손바닥으로 하늘을 가릴 수는 없다. 한국은 노동시장 구조 자체가 이미 성차별적이다. 입사 단계에서부터 뚜렷한 이유 없이 남녀 간 임금 격차가 발생하고 시간이 갈수록 그 격차는 더 벌어진다. 학력·전공·출신 대학·직무 능력 같은 조건이 임금소득에 영향을 미친다고 하지만, 실상 성별 임금 격차를 결정짓는 것은 딱 하나다. 단지 '여성'이라서 남성보다 적게 받는 것이다.


## 30대부터 가속도 붙는 남성의 임금


20대를 벗어나 직장에 다니기 시작하면 남성은 '남성'이기 때문에 우월한 지위를 선점한다. 기성세대에 진입하는 30대와 기득권에 가까워지는 40대부터는 가속도가 붙는다. 20대에 남녀 간에 엇비슷하던 임금 격차가 중장년이 되면서부터 더 크게 벌어지는 것이다. 순식간에 '남성 우위' 구조로 바뀐다. 바로 여성들의 경력 단절이 시작되는 시기이기도 하다. 이 무렵 남성들은 또래 여성들이 결혼과 임신, 출산과 육아 때문에 어쩔 수 없이 직장을 그만두는 것을 숱하게 보게 된다. 경력이 단절된 이 여성들은 이후에 재취업해도 이전과 같은 고임금 일자리로 돌아오기 어렵다. 일을 구했다 해도 질 낮은 시간제 노동자로 일하는 경우가 대부분이다. 노동의 질도, 임금도 하향 곡선을 그린다.

대한민국의 평범한 '김지영'(들)은 일과 양육을 병행하기 위해서든 경력을 인정받지 못해서든 비정규직을 전전하거나 알바 또는 프리랜서로 일하면서 저임금 노동자층을 이루게 된다. 여성들의 일자리가 정규직보다 저임금 비정규직에 집중되어 있는 이유는 여성이 원해서가 아니다. 그런 일자리밖에 없기 때문이다.

대한민국에서 여성들은 싱글일 때는 결혼하라는 압박, 결혼 후에는 출산하라는 압박, 출산 후에는 육아라는 압박에 시달린다. 그런데도 막상 임신, 출산을 하면 직장에서는 불필요한 존재로 폄하되고 퇴사를 종용받는다. 경력 쌓기와 육아 사이에서 위태롭게 줄타기를 하다 결국 직장을 그만두면 프로답지 못하다고, 직업의식이 없다고 욕을 먹는다.

설령 회사를 계속 다녀 근속 연수가 늘어나도 여성은 승진이 잘 안 된다. 유리천장이 강고하다는 사실만 확인받는다. 여성에게는 또래 남성들이 임원직 또는 고위직으로 승진의 사다리를 오르거나 자신의 전문 분야에서 일정 정도 권위와 경제적 지위를 차지하게 되는 것과는 정반대인 상황이 벌어지는 것이다. 몇몇 기업이나 기관의 고위직 여성들을 반박의 근거로 드는 남성들이 있다. 그러나 기업 총수나 부자 건물주 아버지를 둔 여성 또는 남성 세계에서 운 좋게 성공한 단 한 명의 여성, 명예남성인 여성의 존재가 유리천장 자체를 없애지는 못한다. 눈 가리고 아웅 하는 격이다. 여성들이 취업시장에서 여자라는 이유로 채용에 불이익을 당하지 않아야, 출산과 육아 때문에 직장을 그만두고 경력을 포기하는 일이 생기지 않아야, 기득권과 특권을 지니지 못한 평범한 여성들이 재능과 실력으로만 평가받고 고위직에 발탁되고 임명될 수 있어야, 성차별이 없다고 말할 수 있는 것이다. 그런데도 이 사회와 남성들은 불평등한 사회 구조를 개선할 노력은 하지 않고 여성 개개인을 탓한다.

## '여성 상위'는커녕 '남성 우위'로 기울어진 사회

대한민국은 '여성 상위'이기는커녕 '남성 우위'로 심각하게 기울어진 운동장이다. 한국 사회는 남녀 사이에 우열을 두고 차별한다. 사회가 성별과 젠더에 따라 차별적으로 대우하는 것을 당연시하니 불평등 구조가 고착된다. 이 같은 강고한 남성 중심주의 탓에 한국 남성들은 이 사회가 얼마나 성차별적으로 구조화되어 있는지 인식하지 못한다.

'남성 우위 사회'는 단지 여자라서 저임금을 받고 경제적으로 차별받으며 정치 영역에서도 배제되는 것이 관습과 문화로 통용되는 곳이다. 경제적 비대칭 구도는 자연스럽게 문화와 관습으로까지 이어진다. 단지 '여성'이어서 중책을 맡길 수 없고, 리더가 될 수 없다고 한다. 여성은 임신, 출산, 육아 때문에 직무에 대한 책임의식이 부족하다고 지적한다. 언제는 애를 안 낳는다고 욕을 하더니 이번에는 출산과 육아에 열중한다고 욕한다. 어느 장단에 춤을 추어야 할까.

한국 사회는 남성 우위가 심각하게 구조화되어 있어, 성평등 사회로 변화하는 데 장애물이 너무 많다. 젠더 격차를 해소하자는 여성들의 외침을 두고 '여성 상위 시대가 되었다'며 비아냥거리는 남성들이 있다면 이것이야말로 여성이 인간으로서 남성과 동등한 권리를 누리는 꼴을 볼 수 없어 하는 남성 우월주의의 반증이다. '남자가 더 약자'라는 역차별 주장은 남성만이 독점적으로 누린 특권을 내려놓지 않겠다는 이기심의 표출이다.

한국 사회의 모든 것을 고려해 볼 때 남자가 누리는 것이 더 많다는 사실을 인정하는 남성도 많다. 그런데 이런 남성들도 정작 임금 격차와 같은 성차별을 해소하자는 움직임에 대해선 소극적이고 미온적인 태도를 취한다. 도리어 여성들이 남성들의 밥그릇을 빼앗는다며 안면을 싹 바꾸는 남성들도 있다. 한국 사회에는 여성이 남성과 동등한 권리를 누리는 것을 남성의 권리, 심지어 평등권 침해로 잘못 이해하는 남성이 너무 많다. 한국 남성들은 본인이 의식하든 않든 기득권을 마치 남성의 권리이자 평등권으로 여겨 왔다. 그러나 기득권은 권리가 아니라 특권이다. 성평등은 남성의 권리를 빼앗는 것이 아니라 심각한 젠더 격차가 가져오는 불평등을 해소하는 것이다. 성평등은 성별 대립이 아니라 보편적 인권의 문제다.

한국 남성들의 이런 사고방식이 단기간에 변하긴 힘들 것이다. 하지만 이제는 변해야 한다. 생계에 성별은 없다. 이대로 성별 임금 격차를 방치한다면, 젠더 격차를 해소하시 않는다면, 일하는 여성은 독박 가사와 독박 육아에 시달리고, 남성은 생계부양자라는 책임에서 벗어나지 못한다. 극단적인 남성 중심적 사고를 바꾸지 않는다면, 성평등이 성별과 상관없이 누구에게나 보편적 인권이라는 자각이 없다면, 우리의 미래는 암울하다. 정치, 경제, 사회 전반에 여성과 남성이 동등하게 기여할 수 있을 때라야만 인간 중심적인 풍요로운 21세기가 열릴 것이기 때문이다.

## 여성에 빨대 꽂고 사는 사회

대학을 졸업하자마자 후다닥 결혼한 동기가 있다. 그는 제 엄마처럼 자신도 전업주부로 살 거라 굳게 믿었으며 현모양처가 되겠노라 포부를 밝혔다. 하지만 사회에서 다시 만난 친구는 뜻밖에도 미용을 배우고 있었다. 갑작스럽게 남편이 실직해 생활 전선에 뛰어들 수밖에 없었다. 일자리를 못 구해 손 놓고 있는 남편 대신 애를 키우려면 자신이라도 뭔가를 해야만 했다고 털어놓았다. 미용실에서 퇴근한 후엔 친정집에 들러 애 데려와 돌보랴, 집안일하랴 친구는 한시도 쉴 틈이 없어 보였다. 가정주부가 꿈이었던 친구 손에 고데기와 가위가 들려 있는 모습이 참으로 낯설었다.

결혼을 전제로 만나는 사람이 있던 친구는 뜻밖에도 결혼을 주저했다. 남자친구에게 꽤 많은 빚이 있다는 사실을 우연히 알았기 때문이다. 친구는 착잡한 표정으로 속내를 밝혔다. 혼자 먹고살기도 빠듯

한 요즘 같은 때에 빚만 잔뜩 있는 남자와 어떻게 살지 불 보듯 뻔한 것 아니냐고. 더욱이 남친은 지독히 보수적이었다. 서로의 집이 너무 멀어 당시 독립해 혼자 살고 있던 친구 집에서 남친이 주말 동안 지내다 가곤 했다. 그런데 친구가 요리하고 밥을 차릴 동안 그는 늘 소파에 드러누워 있었다고 한다. 설거지는커녕 제가 마신 물 컵 하나 싱크대에 가져다놓은 적이 없었다. 친구의 머릿속에는 집에서 손 하나 까딱하지 않는 남편의 모습이 그려졌다. 맞벌이하면서 애 키우고 살림도 도맡을 자신의 미래를 그려 보니 답이 안 나왔다고. 결국 친구는 그 남자와 헤어졌다.

또 다른 친구는 띠동갑 나이 차를 무릅쓰고 결혼을 감행했다. 남자가 장손에 장남이라 요즘 같은 시대에 괜찮겠냐며 주변에서 걱정했다. 친구는 사랑하니까 문제없다고 사랑으로 극복할 수 있다고 굳게 믿었다. 그런데 결혼 후 남편은 연애 시절과는 천양지차로 달라졌다. 시댁은 일 년에 제사만 무려 열두 번 넘게 차려야 하는 집이었다. 큰 며느리라는 이유로 친구는 시댁에 불려 가서 빠짐없이 제사상을 차렸다. 야근하고도 시댁에 가곤 했다. 집에 돌아와서는 살림하느라 또 바빴다. 제사상도 집안일도 온전히 여자인 자신의 몫이었다. 숨이 막혔다. 가뜩이나 직장 일에 치이는데 숨 돌릴 틈도 없이 반복되는 며느리 노릇에 환장할 지경이었다. 참다못한 친구는 남편과 대판 싸웠다. "그렇게 힘들면 네가 회사 그만두면 되잖아?"라는 남편의 한마디에 피가 거꾸로 솟구쳤다고 했다. 제 부모 편을 드는 남편에게 정나미가 뚝 떨어졌다. 그날 이후 마음속에서도 무언가가 끊어졌다고. 우여곡절 끝에 친구는 남편과 갈라섰다. 그나마 애가 없어서 천만다행이었다고 가슴을 쓸어내렸다. 결혼 생활에 호되게 덴 그는 연애는 좋아도 결혼은 싫다고 고개를 저었다.


## '슈퍼맘'은 달나라에 있다

몇 년 전 세 아이를 둔 여성 공무원이 과로사한 안타까운 사건이 있었다. 기사에 묘사된 그는 육아 휴직 후 복직하자마자 새벽 출근에 야근, 주말 근무까지 하는 살인적인 초과노동에 시달렸고, 여기에 가사와 육아까지 해낸 '슈퍼맘'이었다. 슈퍼맘이란 말이 몹시 거슬렸다. '슈퍼맨'은 허구 속 캐릭터다. 슈퍼맨은 자동차를 한 손으로 들어 올릴 수 있는 어마어마한 능력을 소유한 초인이다. 그게 가능한 이유는 슈퍼맨이 평범한 지구인이 아니라 크립톤 행성에서 온 외계인이기 때문이다. 그러니 현실 속 인간은 결코 초인이 될 수 없다. 절대 지치지 않고 무너지지 않는 강철 인간은 존재하지 않는다. 성별에 따라서 나약함의 정도가 달라지는 것도 아니고 자식 유무에 따라 천하무적이 되는 것도 아니다. 여자든 남자든 노동과 삶의 무게에 지치고 힘들어하며 고통받는 개인이라는 점에서는 똑같다. 우리는 모두 스트레스에 취약한 그저 사람일 뿐이다.

'슈퍼맘'이라 불린, 과로사한 여성 노동자. 그의 하루를 떠올린다. 좋은 엄마와 유능한 직원, 어느 쪽도 포기할 수 없는 그는 종일 발을 동동거렸으리라. 남에게 뒤처지지 않으려고 일터에서 집중하고 야근도 마다하지 않았을 것이다. 퇴근 후에는 아이를 돌보려고 집으로 줄달음쳤을 것이다. 여성 노동자들은 퇴근 후에도 노동이 끝나질 않는다. 집에 돌아와도 쉴 수가 없다. 독박 가사에 독박 육아까지 줄줄이 이어진다. 장바구니를 들고 현관문에 들어선 후부터 잠들 때까지 육아와 요리, 돌봄노동 등을 계속해야 한다. 집안 대소사도 챙기고, 아이들 숙제 지도를 비롯해 교육까지 책임져야 한다. 가사와 육아를 부담해 줄 노동력을 운 좋게 외부에서 구할 여력이 있거나 경제력이 받쳐 주지 않는 한, 이 모든 일을 여성 혼자 해야 한다. 24시간으로도 시간이 모자라고 몸이 열 개라도 부족할 판이다. 기절하지 않는 것이 기적이다. 최악의 경우에 과로사하지 말란 법도 없다. 결국 육체적, 정신적 스트레스를 견디다 못해 경력 쌓기를 포기하거나 직장을 그만두게 된다. 더 버티다가는 정말 죽을 것 같아 관두는 것이다.

한국 사회는 슈퍼맘이라는 허상을 만들어 놓고 여성들에게 엄마와 직장인, 두 역할을 다 해내라고 종용한다. 육아는 말할 것도 없고 살림에 만능이어야 하고, 친정과 시가에도 잘해야 하며, 돈도 벌어야 한다. 초과노동에 시달리는 워킹맘일지라도 예외로 두지 않는다. 정말 어마어마한 노동량 아닌가. 말 그대로 한국의 기혼 여성은 멀티 노동자다. 평범한 인간에 불과한데, 사람이 아니라 기계나 할 수 있는 일을 해내고 있는 것이다. 슈퍼맘. 멋있게 들리지만 슈퍼맘으로 사는 삶은 비인간적이다. 워킹맘은 슈퍼맘이 아니다. 슈퍼맘이 되어서도 안 된다.

한국 사회에서 맞벌이는 이제 흔하디흔한 삶의 모습이다. 30~50대 부부의 절반가량이 맞벌이다. 1995년에는 30퍼센트대에 머물렀지만 이후 꾸준히 늘어나서 2019년엔 49.9퍼센트로 거의 50퍼센트에 이른다. 하지만 가사와 돌봄노동은 여전히 여성들만의 몫이다. 똑같이 일하고 버는데, 왜 그래야만 하는 것일까.

한국 남편의 가사노동 시간은 OECD 국가 중에서 최하위에 속한다. 2014년 통계청 조사 기준 한국의 맞벌이 부부의 하루 가사노동 실태를 보면 아내의 가사노동 시간은 3시간 14분이고, 남편은 고작 40분이다. 그런데 외벌이 가정 남성의 가사노동 시간이 30분이다. 즉 맞벌이든 외벌이든 한국 남성은 가사 분담을 하지 않는다. 아이가 있으면 여성의 가사노동 시간은 1시간 이상 더 늘어 4시간 30분이다. 직장에서 일하는 8시간까지 더하면 여성은 하루에 평균 13시간 일한다. 게다가 가사와 돌봄노동에는 휴일도 없다. 주 52시간 이상의 노동을 제한하는 요즘 세상에 여성들은 매주 90시간 넘게 노동을 하는 셈이다. 그것도 무보수로 일하는 시간이 반이다. 여성들에게 가정이란 잠자는 시간 빼고 24시간 내내 가동되는 일터와 다를 바 없다. 세탁기, 전기밥솥 등 최신 가전제품이 있다 한들 여성들은 가사노동에서 전혀 해방되지 못한 것이다.

## 일은 일대로 시키고
## 욕은 욕대로 하고

임금노동과 가사노동 그리고 독박 육아라는 삼중고에 시달리는 여성들이 견디다 못해 하소연을 하거나 노동 분담을 요구하면 남성들은 건성으로 이렇게 대꾸한다.

"힘들면 때려치우고 집에서 살림이나 해. 편하게 살라고."

"너만 힘드냐? 나도 직장 다니면서 돈 버느라 힘들다."

여성이 가사와 육아마저 전담하고 있다는 사실을 염두에 두었다면 차마 내뱉을 수 없는 이기적인 말들이다. 한국 사회는 지금의 여성들에게 일과 경력이 엄마가 되는 것 이상으로 인생에서 중요한 과업이라는 인식 자체가 없다. 이 때문에 집 안에서 하는 여성의 노동은 개나 소나 다 할 수 있는 하찮은 노동으로 폄하된다. 가정이야말로 성차별과 불평등의 산실인 것이다. 유교적인 가부장 교육을 받고 자란 남성들은 집안일을 제 일로 여기지 않는다. 가사노동의 주체는 따로 있고 자신은 그 옆에서 가끔 거들어 주면 된다고 생각한다. 요리, 설거지, 청소, 정리·정돈 같은 가사노동은 여성이 도맡아 하고 남성은 어쩌다 '도와주'면 된다는 식이다. 하지만 '도와준다'는 말 자체가 이미 평등과는 한참 거리가 먼 것이다. 가사는 누구나 하는 것이지 '도와주는' 것이 아니다. 부부가 동등하게 해야 하는 일상적 노동이지, 한 성에게 특화된 노동이 되어선 안 된다.

그렇다면 성별 분업에 충실한 전업주부는 직장에 다니는 여성에 비해 상황이 좀 더 나을까. 전업주부를 선택한 여성 대부분은 중산층─정상가족을 유지하기 위해 현모양처를 자신의 정체성으로 삼는다. 자녀 교육을 인생의 목표로 삼고 가부장제 사회의 모성 이데올로기에 올인한다. 그럼으로써 '내 새끼 최고'라는 한국 특유의 가족주의를 유지하고 재생산한다. 그러나 가부장제에 복무하며 엄마와 아내 역할을 위해 자신을 희생한 여성들에게 돌아오는 이름은 이제 '맘충'이다. 엄마들끼리 모여 있기만 해도 놀고먹는 '맘충'으로 비난받는다. 홀로 독박 육아를 감당하는 여성들끼리 정보를 주고받고 육아의 고충을 나눈다는 사실은 안중에도 없다.

애가 있는 여성이라고 해서 항상 행복하지는 않다. 육아는 힘들다. 출퇴근도 없는 중노동이다. 모성애가 곧 여자의 행복이라는 이데올로기가 절대시될 때 산후 우울증과 육아 슬럼프를 겪는 여성들, 육아의 고충을 토로하는 여성들은 나약한 여성이자 이기적인 엄마로 매도당한다. 여성은 엄마가 된 그 순간부터 애를 낳고 키우는 것에 어떤 불만도 제기하면 안 된다. 육체적으로 힘들고 정신적으로 피곤할지라도 엄마들은 절대 육아의 괴로움을 대놓고 이야기해서는 안 된다. 애 보는 게 싫다고, 힘들다고, 어렵다고 감히 불평하면 안 된다.

반면 엄마에게 들이대는 이런 가혹한 잣대를 아빠인 남성에게 들이대는 사람은 별로 없다. 여성은 완벽한 엄마가 되지 못하면 욕을 먹지만 남성은 '아빠 코스프레'만 잘해도 칭찬받는다. 엄마 역은 대충하면 비난받고, 아빠 역은 시늉만 잘해도 표창감이다. '프렌디'는 있어도 '프렌맘'은 없는 이유, '딸바보' 아빠는 자랑이지만 '아들바보' 엄마는 공포다. 아빠들의 육아 관찰 예능 프로그램이 인기를 끌고 있지만, 남성들은 고작 하루(몇 회 분량이 될) 육아를 '체험'하거나 '연기'할 뿐이다. 이들에게 아이 돌보기는 '사파리 투어' 같은 체험 학습이다. 그나마 남자가 부엌에 들어오면 고추 떨어진다거나 남자가 돼서 창피하게 애 똥 기저귀를 갈고 있냐고 했던 시절에 비하면 발전한 거라고 대견하게 여겨 줘야만 하는 걸까.

한국 여성은 엄마-되기에 열중할수록, 육아에 전념할수록 혐오의 대상이 된다. 한국 사회는 직장과 경력 쌓기에 열중하는 여성은 가정을 등한시하는 이기적인 엄마라고 비난하고, 가사와 육아에 전념하는 전업주부는 제 새끼밖에 모르는 이기적인 엄마라고 또 비난한다. 여성은 이러나저러나 '나쁘고' '이기적'이라는 프레임을 벗어날 수 없다. 대한민국은 자식을 위해 희생하고 헌신하는 어머니의 모성을 극도로 찬양, 미화하는 동시에 애를 낳아 기르는 여성을 혐오, 비하하고 낙인찍는 이중적인 사회다. 가사와 육아노동에 헌신하는 여성을 벌레에 비유해 모욕하고, 여기저기에 '노키즈존'을 만들어 엄마와 아이들의 접근을 거부하는 사회다.

이 얼마나 기만적인가.


## 직장에서도 '그림자 노동'

성별 고정관념에 기인한 성차별주의는 우리의 일상 구석구석을 지배한다. 직장에서도 마찬가지다. 분석하고 결정 내리며 책임지고 총괄하는 일은 주로 남성이 맡고, 여성에게는 단순 업무를 더 많이 시킨다. 남자는 출근해서 자기 업무에만 충실하면 되지만 여성은 본 업무 외 청소와 정리·정돈, 차 심부름, 다과 준비, 물품 구입 등 추가적인 노동을 하지 않으면 안 된다. 손님이 오면 직급이 더 낮은 남성이 있는데도, 굳이 여직원을 불러 커피를 타라 시킨다. 비품 구입도 여직원들에게 전담시킨다. 휴지통 비우기를 비롯해 사무실 청소도 시킨다. 회의 후 책상의 쓰레기도 여성들이 치운다. 일이 끝나면 남자들은 뒤풀이하러 가고 여성들은 남아서 뒷정리를 한다. 엠티나 수련회를 가면 여사원들이 준비하는 동안 남자들은 먹고 마시고 떠든다. 여기에 여직원들에게 좀 더 사근사근하고 친절할 수 없느냐며 감정노동까지 덤으로 요구한다. 일에 열중하기에도 시간이 모자란데 여성이라는 이유만으로 업무 외적인 것에 불필요하게 계속 신경을 써야 하는 것이다. 가정에서처럼 직장에서도 '그림자 노동'은 오로지 여성들 몫이다.

고등학교 시절 일이 하나 떠오른다. 당시 주번이 할 일에는 담임교사 책상을 치우는 일도 있었다. 담임 책상을 깨끗이 닦을 뿐 아니라 휴지통도 비워야 했다. 혹여 책상에 휴지가 떨어졌으면 새로 가져다 놓고, 꽃병 물도 갈아 놓아야 했다. 주번으로서 학생들이 공부하는 교실을 청소하는 건 이해했지만, 교무실에까지 내려가 왜 담임 책상까지 정리를 해야 하는지 도저히 납득할 수가 없었다. 그래서 안 했다. 그랬더니 담임이 나를 불러 크게 야단을 쳤다. 여자가, 이런 것 하나 제대로 못하면 사회 나가서 어떻게 살 거냐고. 그 말에 욱해서 반박했다.

"저 공부하려고 학교 다니는 거지, 선생님 책상 닦으려고 학교 다니는 거 아닌데요? 그리고 제가 사회 나가서 청소 일을 할지 안 할지 선생님이 어떻게 아세요? 대체 그게 여자인 것과 무슨 상관인데요?"

담임의 얼굴이 붉으락푸르락해졌다. 그날 나는 반성문을 써야 했다. 주번의 일을 방기한 벌이라고 했지만, 실은 담임에게 겁 없이 개긴 대가이리라.

영화사에서 연출부로 일할 때다. 어느 날 감독을 만나러 손님이 찾아왔다. 감독은 당연하다는 듯이 나를 콕 집어 차 심부름을 시켰다. 연출부에 여자는 나 혼자였다. 연출부는 네 명인데 커피 타는 일은 막내도 아닌 여자인 내가 할 일이었다. 기분이 나빴다. '커피는 네 손으로 직접 타서 드세요'라는 말이 목구멍까지 넘어왔지만 일단 참았다. 그 대신 커피에 물을 왕창 부어 날랐다. 피디가 커피 맛이 이상하다며 잔을 내려놓았다. 맹탕 커피가 맛있었을 리 없다. 알고도 모른 체했다. "전 맛있던데, 저랑 입맛이 완전 다르신가 보네요? 죄송합니다." 손님이 가고 나자 감독이 못마땅한 듯 나에게 군소리를 했다. 내가 커피 타는 걸 제대로 못 배운 것 같다나 뭐래나. 나는 연출부가 커피도 잘 타야 하는 줄 몰랐다며 깜짝 놀란 척을 했다. 감독이 뜨악한 표정을 짓는 사이 재빨리 한마디 덧붙였다. "그러면 저보다 커피 잘 타는 사람이 하는 게 더 낫지 않을까요?" 그 후 감독도 피디도 다시는 내게 그런 요구를 하지 않았다. 그날 이후 나는 그들에게 미운털이 콕 박혔을 것이다. 그들에게 나는 연출부가 아니라 '여자'답지 못한 눈치 없는 여자였으리라.

## 여자 일, 남자 일은 없다

현대 여성들은 남성들처럼 임금노동자다. 여성이 가장인 한부모 가정과 여성이 부양과 생계를 전담하는 가모장 가정도 많다. 남편이 벌어오는 돈으로 살림하는 전업주부는 이미 다수가 아니다. 그런데도 사람들은 가장 역할을 하는 여성 노동자가 많아진 현실을 부정한다. 한국 사회는 여성을 여전히 가사와 돌봄의 전담자로만 간주하는 낡은 고정관념에 사로잡혀 있다.

한국은 남성이 생계부양자이고 여성은 가정 내 재생산 담당이라는 전통적인 성별 노동 분업 사고가 강력한 사회다. 남성은 나이, 결혼 여부와 상관없이 가장으로 간주된다. 실제로 여성이 가족의 생계를 책임지거나 부양하고 있더라도 늘 남성이 생계부양자로 호명되는 이유다. 이 같은 성별 이분법은 일터에서 능력을 발휘하는 여성의 노동을 평가절하해 저임금으로 착취하는 원인이 된다. 업무에서 여성의 노동을 부차적인 것으로 만들고, 여성의 가사노동과 돌봄노동을 무료 서비스로 취급하게 한다. 남성의 노동은 유급노동이지만 여성의 노동은 무급노동인 셈이다. 성별 분업은 성별 임금 격차로 이어지고 성차별을 강화한다. 성차별은 다시 여성의 열악한 지위를 고착시키고 여성을 착취하는 동력으로 작용한다.

성별 노동 분업은 여성만 억압하지 않는다. 남성들도 고통스럽게 한다. 과거의 전통적인 남성 역할과 보수적인 남성성을 유지하는 것이 남성들에게 결코 좋은 것만은 아니다. 가정의 책임자는 오직 자신뿐이라고 믿는 남성은 '남성다움'이라는 허상에 매달리고 가부장의 무게에 더 심하게 짓눌릴 수밖에 없다. 성별 고정관념에 집착하면 할수록 남성은 장시간 노동에 시달리고 노동 기계가 되어 인간다움을 상실하게 되는 것이다.

앞으로 맞벌이 가구가 더욱 늘어나 한국 사회의 지형 자체를 바꾸어 놓을 것이다. 맞벌이가 당연해지고 있는데도 여성만 가사와 돌봄을 전담하는 현실은 부당하다. '바깥일은 아빠(남편), 집안일은 엄마(아내)'라는 성역할 고정관념은 우리 시대에는 버려야 할 인습이다. 여성들은 누군가를 수발하고 보조하기 위해 태어난 것이 아니며 남성들은 죽도록 일하고 돈만 버는 기계가 아니다. 성별, 젠더에 상관없이 사람은 누구나 한 개인이며 노동하는 주체다. 사회는 급변하는데 여전히 낡은 성별 고정관념을 고수하는 태도는 시대착오적이다. 한 성에만 일방적으로 강요하는 차별적 노동을 이제 그만둘 때가 되지 않았나.

# 결혼은 싫지만 혼자도 두렵다

한국은 소위 이성애자 부부와 자녀로 구성된 가족만을 이상적인 '정상가족'으로 간주한다. 모든 제도가 '정상가족'을 기준으로 입안되며 이들에게 다양한 세제와 복지 혜택이 우선적으로 주어진다. 한부모 가족, 동거 가족, 조손 가족, 동성 가족, 무자녀 가족, 입양 가족 등은 '정상'의 범주를 벗어난 비정상으로 보는 사회이니 정상가족을 꾸리지 않는 1인 가구 비혼인은 아예 '가족'의 범주에 들어가지도 못한다. 대한민국에서 비혼 여성은 엄연히 경제활동에 참여하는 노동자이고 세금을 내는 납세자이며 사회 구성원으로 생활하는 시민임에도 존재하지 않는 사람들, '그늘 속 그림자'로 취급받는다.

통계청 자료에 따르면 2015년 기준 여성 1인 가구는 261만 가구로, 전체 520만 3000가구의 50.2퍼센트에 달한다. 그리고 여성 1인 가구의 56.9퍼센트는 월 평균 소득이 100만 원이 안 된다. 이 데이터는 내

이야기이기도 하다. 2020년에도 평범한 한국 여성의 삶은 달라진 게 없다. 젊은 여자는 어리다는 이유로, 나이 든 여자는 나이 먹었다고 차별받고 배제된다. 연일 오르내리는 기사만 읽어 봐도 암울하다. 이런 기사에 따르면 내 미래는 이미 '가난'과 '불행'으로 결정되어 있는 듯하다.


## 열심히 산 잘못밖에 없다

길에서 우연히 만났던 지인이 떠오른다. 열심히 공부해서 학위를 따고 중국으로 유학까지 다녀온 그는 국내 대학에서 교수가 되는 것이 꿈이었다. 하지만 일류대 연줄과 백과 돈이 없는 그에게 현실은 여의치 않았다. 결국 꿈을 포기하고 일반 회사에 취직했다. 그나마 중국어에 능통한 덕분에 중국과 거래하는 작은 유통 업체에 들어갈 수 있었다. 2년 계약직이었지만 통번역 담당으로 채용되었다는 자체만으로도 정말 기뻤다고 했다. 하지만 직장에서 유일한 여자인 그가 해야 할 일은 통번역 말고 더 있었다. 야근 시 음식 주문, 대표님 방문객 접대, 회식 때 수저 놓기, 남직원들 대화 상대. 말이 좋아 통번역 업무였을 뿐 사무 보조와 다를 바 없었다.

"교수 되려고 죽어라 공부했는데 결국 '여'사원이네요."

그가 씁쓸하게 웃었다. 집에서는 빨리 선봐서 시집이나 가라고 한단다. 그러고 싶으냐고 물으니 나를 빤히 보며 반문했다.

"글쎄요. 결혼한다고 해서 뭐가 달라질까요?"

맞다. 웃픈 현실이다. 뭐가 얼마나 달라지겠는가. '결혼한다고 해서 외로움이 덜해지는 것도 아니고 빚만 늘 뿐'이라는 자조 섞인 농담마저 유행하는 세상이다. '결혼으로 취직한다'는 취집이라는 말이 있었지만 취집도 더는 안정적인 평생직장이 되지 못한다. 이제 결혼은 정규직이 아니라 결혼 서약이 법적 효력이 있을 때까지만 가능한 계약직이다. 부르주아 자산가라면 모를까 평범한 여성들의 경우 결혼 전후의 삶이 같다. 오히려 결혼 후에 더 불안하고 힘들어질 수 있다. 남성에게 부과된 '독박 군대'는 단지 2년으로 끝난다. 그러나 여성에게만 부과된 '독박 육아'는 10년이 될지 20년이 될지 아무도 장담 못한다.

이런저런 자리에서 친구들을 만난다. 서른을 넘어 마흔을 향해 가고 있거나 마흔을 막 통과했거나 마흔을 훌쩍 넘어서 오십을 바라보는 있거나 하는 다양한 연령의 싱글들이다. 다들 하나같이 독립적이고 주체적인 여성들이다. 하지만 요사이 친구들의 표정에는 언뜻언뜻 불안이라는 그림자가 스친다. 목소리들에서 팍팍한 삶이 안겨 준 진득진득한 고뇌와 피로가 뚝뚝 묻어 나오기 시작한다.

"요즘 뭐 하냐고? 일 끝나면 곧장 집이지 뭐. 나 완전 집순이잖아."

"쉬어도 늘 피곤해. 다 때려치우고 싶어. 일 좀 안 하고 놀고먹고 싶다. 이거 만성피로증후군 아니 번아웃증후군인가?"

"연애? 연애도 에너지가 있어야 하지."

"누굴 만나는 것도 귀찮아. 돈 없음 시간 낭비, 사치야."

"결혼해 줘, 애 낳아 살림해, 거기다 돈까지 벌어. 그런데도 여자라고 욕은 욕대로 먹고. 이래도 욕 저래도 욕. 그렇게 살 바에야 차라리 혼자 사는 게 백번 낫지."

"그런데 말이야. 이렇게 혼자 살다가 늙어 중병이라도 걸리거나 사고라도 나면 어쩌지?"

"너 그거 알아? 대한민국에서 '가난한' '싱글' '여성'이 사회 극빈층을 형성한다는 사실?"

다들 파김치다. 하나같이 밥벌이의 고단함과 노동의 비루함에 지친 듯 푸념 섞인 자조적 농담만 오간다. 한눈팔지 않고 성실히 살아왔는데도 여전히 먹고사는 일에 허덕이는 현실이 우울하기만 하다. 열심히 사는 만큼 더럽게 피곤한 삶이다. 홀로 서기에 지칠 때마다, 위태로워질 때마다 외롭고 더 불안하다. 먹고사는 게 너무 힘들어서 다 때려치우고 쉬고 싶은 마음이 굴뚝같단다.

누구는 일에 치여 만성피로와 불면증에 시달린다. 누구는 뼈 빠지게 일하는 데도 돈이 줄줄 새어 나가는 생활에 허탈감을 달랠 길이 없다. 미래가 불안해서 보험을 여러 개 들어 놓거나 이렇게 살 바에야 눈 딱 감고 아무나 붙잡아서 결혼해 버릴까 고민하는 친구도 있다. 이야기는 저마다 다르지만 속내는 다들 엇비슷하다. 모두가 꼬일 대로 꼬이고 술술 풀리지 않는 자신의 현실에 답답해하며 왜 우리의 삶이 달라지지 않는지 묻고 또 묻는다. 지금까지 누구보다 열심히 살았는데, 뒤도 안 돌아보고 쉬지 않고 달려왔는데 왜 나는 여전히 제자리걸음인 거지? 왜 일하고 일해도 빚이 줄지 않는 거지? 통장엔 왜 돈이 하나도 없는 거지? 여태까지 나는 왜 혼자 살고 있는 거지? 내 삶은 왜 더 나아지지 않는 거지? 도대체 우리에게 무슨 일이 일어난 거지?

## 개인이 아니라 '사회'의 문제

모든 생명체의 본질은 생존과 번식이다. 개체는 스스로 살아남을 생존 방식을 선택한다. 생명체는 생존에 위협을 받을 때 번식을 포기한다. 어쩌면 지금 한국의 젊은 세대와 여성들의 선택도 크게 다르지 않을지 모른다. 자유롭고 평등한 삶을 살고자 하는 욕구, 행복해지고 싶은 욕망은 성별에 따라 다르지 않다. 인간이라면 누구나 원한다. 그런데 그런 삶을 살 수 없다면? 눈에 씌었던 콩깍지가 하나둘 벗겨진 여성들은 스스로 질문하기 시작했다. 혼자 먹고살기 고단하지만 그렇다고 해서 결혼이 미래의 불안을 해소해 줄 대안도 못 되지 않느냐고. 결혼이 삶의 만족감을 높여 주지 못하고 여성에게 이중 삼중의 차별적인 노동만 부과한다면 굳이 결혼해야 할 이유가 어디에 있느냐고.

여성들은 깨닫고 있다. 결혼이 더는 삶의 안전망이 되어 주지 못한다는 것을, 아니 결혼에 자신의 일생을 베팅하는 것 자체가 어리석고 무모하다는 것을 말이다. 성차별적이고 불평등한 한국에서 이제 그 삶을 무턱대고 감행할 여성은 없다. 여성들은 알고 있다. 결혼 제도를 비롯해 한국 사회가 여성에게 결코 공정하지 않다는 것을, 시작부터 한쪽으로 기울어진 운동장이었다는 걸 너무 잘 알고 있다.

우리는 알고 있다. 우리의 부모처럼 결혼해 가정을 꾸리고, 근면하고 성실하게 노동해서 번 돈으로 저축을 하고 투자도 해서 그림 같은 내 집을 장만하는 삶, 자식들 잘 키워 출가시키고 편안한 노후를 보내는 삶이 우리 세대에게는 주어지지 않는 미래라는 걸. 세상이 달라지지 않는 한, 죽도록 일해도, 허리띠를 바짝 졸라매도, 집세와 물가는 임금보다 빨리 오를 것이고, 저축은커녕 기본적인 소비만 하는데도 빚은 줄어들지 않으며, 쥐꼬리만 한 임금으로 내 집 장만은 불가능한 미션이라는 걸 말이다.

우리는 또 알고 있다. 내 소유의 집에서 가족들의 품 안에서 평온한 임종을 맞는 미래는 허락되지 않는 한바탕 꿈이 될 가능성이 크다는 사실을. 우리에게는 오피스텔 원룸에서 죽은 지 한참 지나 발견되거나, 요양병원 병동에서 홀로 눈을 감는 미래가 더 현실적이다. 우리 세대에게 미래라는 것은 '노력하면 받는 보상'이기보다, 생각할수록 '불안하기 짝이 없는 두려움' 즉 실체 없는 공포다. 그렇기 때문에 아직 노인이 되어 본 적 없는 스물넷이, 서른이, 서른아홉이, 마흔이 돈 없이 늙고 병들어 혼자 죽게 될까 봐 두려워하는 것이다.

최근 친구들과 얘기 나눌 때 단골로 등장하는 단어들이 있다. 비혼, 1인 가구, 비정규직, 저임금 노동, 여성 빈곤, 고독사, 안락사, 독거노인, 대안 가족 등등. 대화는 쉴 새 없이 오가지만 그 말들은 어떤 해답도 찾지 못한 채 공중을 맴돈다. 때로 출구 없는 미로를 헤매는 것 같은 기분마저 들고 미래를 생각하면 더없이 막막해지기만 한다. 정체 모를 막연한 불안감에서 벗어나고 싶지만, 누구도 그 방법을 모른다. 방법을 찾는 대신에 무한 경쟁 시대에서 살아남으려면 내 일 아니면 나 몰라라 하는 무관심과 냉소주의가 답이라거나, 다 필요 없고 수중에 돈만 많으면 행복할 거 같다고, 무조건 내 것부터 챙기는 이기심이 생존 전략이라는 말에 암묵적으로 동조하고 앉아 있을 뿐이다.

하지만 한편으로는 그렇게 사는 것이 행복하지 않다는 사실을 모두 잘 알고 있다. 사실 사람들이 바라는 삶은 거의 다 같다. 사랑하고 사랑받으며 살고, 다른 이들과 더불어 사람답게 살아가는 것이다. 그런데 그리 사는 것이 왜 이렇게 어려운 것일까. 그게 그렇게 분수를 넘어서는 욕심인 것인가. 아니다. 애초에 질문을 잘못했는지 모른다. 인생에서 해답을 찾고 싶다면 질문을 잘해야 한다는 말도 있지 않은가. 성실히 일하고 묵묵히 살아온 평범한 '우리'에게 문제가 있는 것이 아니라 우리가 이렇게 살 수밖에 없게 만든 사회, 여성이 살기 힘든 이 '사회'가 바로 문제의 원인은 아니겠는가.

페미니스트 벨 훅스는 《모두를 위한 페미니즘》에서 소비 자본주의 때문에 여성들이 임금노동자가 되어 일터로 나가게 된 측면이 있다고 했다. 자본주의 사회가 돈을 '쓰기' 위해 '벌게' 했다는 것이다. 적어도 나는 하고 싶은 일을 하면서 돈을 벌고 있다고 그렇게 믿고 싶었다. 하지만 반박할 자신이 없다. 하고 싶은 일을 한들 생각만큼 돈을 벌고 있지 못하고, 열심히 일하고 있는데도 쓴 돈을 갚기 위해 왜 하는지도 모르는 일, 싫은 일까지 하면서 겨우겨우 밥벌이를 하고 있잖은가. 내가 일을 하는 이유가 빚을 갚기 위해서였나 싶을 정도다. 더구나 일할수록 돈을 더 많이 버는 게 아니라 점점 더 가난해지고 있다. 나이 먹을수록 나아지는 게 아니라 점점 더 나빠지고 있다. 무언가 덫에 걸린 것만 같다. 헤어 나올 수 없는 개미지옥에 빠진 것만 같다. 이상한 일이다. 대체 뭐가 어디서부터 잘못된 것일까.

벨 훅스는 '쓰기 위해 버는 것'은 행복과는 거리가 먼 삶이라고 단언했다. 현대 여성들은 자신에게 '일'이란 무엇인지 다시 묻고, 다른 삶을 상상해 봐야 한다고 했다. 특히 '대안석인 라이프 스타일'이 필요하다는 것이다. 그렇다면 앞으로 우리의 질문 역시 완전히 달라져야 하지 않을까. 이제는 다른 시선으로 우리의 삶을 들여다봐야 하지 않을까. 지금부터라도 완전히 다른 시선으로 나의 앞날을 바라봐야 하지 않을까. 아직 늦지 않았다.

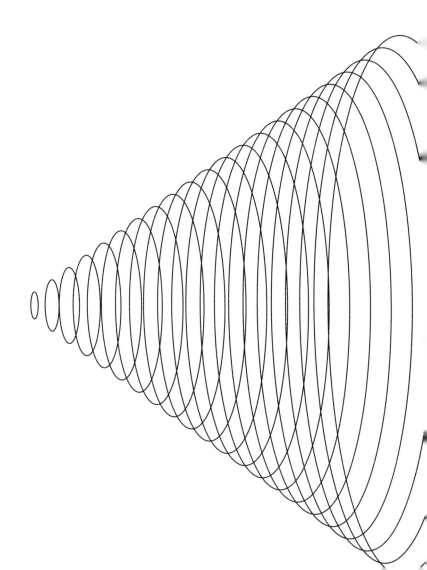

## 초고속 열차에서 내리기

과거에 나는 정말 열심히(!) 일했다. 남보다 더 열심히 일하면 반드시 보상이 주어진다고 굳게 믿었다. 고학생일 때 낮에는 수업을, 저녁에는 학원 강사를 했다. 주말에는 과외교사로 일했다. 하루도 안 쉬고 일했다. 학교를 늦게 졸업하고 서른 넘어 영화 일을 시작했으니 남들보다 더 열심히 더 많이 일을 해야 한다고 생각했다. 학원 강사를 할 때는 빨리 돈을 모아야 한다는 생각밖에 없었고 영화 현장에서는 빨리 경력을 쌓아야 한다는 생각밖에 없었다. 남들보다 늦었을지 모른다는 생각에 뒤처지는 건 아닐까 하고 마음이 조급했다. 미래가 불안했고 실패하기 싫었다. 정신을 차리기 위해 박카스와 믹스커피를 연거푸 들이키며 밤샘을 해도 버텼다. 스트레스를 받으면 술을 왕창 마시며 풀었고 뭐든 닥치는 대로 브레이크 없이 살았다. 앞만 보고 달렸다. 잔머리 굴린다, 엄살떤다, 약하다는 소리를 듣기 싫어서 힘들어도 열정 하나만 믿고 오기로 버텼다. '깡다구 하나는 있다', '악바리'라는 말을 대단한 칭찬으로 생각했다. 착각이었고, 오만했다.

## 마흔에 삶을 갈아엎다

삼십대 중반부터 삶에 서서히 균열이 오기 시작했다. 미래는 여전히 안개 속이었다. 방향을 잃고 제자리를 맴도는 것 같은 기분이었다. 피곤했고 우울했다. 열심히 살았는데 왜 아직도 이 모양인가. 일은 뜻대로 풀리지 않았고 기대한 만큼 보상은 없었고 영화는 점점 더 멀어졌고 나는 여전히 가난했다. 스무 살에는 서른이 되면 더는 고민이 없을 줄 알았다. 서른 즈음에는 마흔 살 정도가 되면 탄탄한 인생이 펼쳐질 줄 알았다. 그런데 서른이 되어서도 고민은 계속되었고, 마흔이 되어도 삶은 그다지 달라진 것이 없었다. 몸 여기저기가 고장 나기 시작했다. 병이 났고 너무 아팠다. 새벽마다 위경련과 장경련이 번갈아 가며 찾아왔다. 스트레스성 위염, 장염, 역류성 식도염, 비염, 편두통을 비롯해 각종 염증과 만성통증에 시달리다가 급기야 뇌빈혈로 쓰러졌다. 체력이 바닥나자 정신력에도 한계가 왔다. 빨리 가려다가 너무 빨리 소진되고 너무 빨리 망가졌다. 이건 아니라는 생각이 들기 시작했다. 뭔가 잘못됐다.

그런데 어디서부터 잘못된 것일까. 별로 한 것도 없고 모아 놓은 돈도 없는데 언제 시간이 이렇게 흘러가 버렸을까. 지치고 허탈했다. 모든 것에 근본적인 회의가 들기 시작했다. 마흔 문턱에서 불현듯 이렇게 사는 게 과연 맞는 건가라는 의문이 들었다. 마흔 살. 80세를 평균수명이라고 치면 딱 반에 다다른 것이다. 정확히 반을 가르고 그 가운데에 서서 앞으로 갈 길과 이미 걸어온 길 양쪽을 바라보는 느낌이었다. 전환점 또는 반환점. 그 문턱에서 나는 걸음을 멈췄다. 괴테가 그랬던가. 인생은 속도가 아니라 방향이라고. 그 말이 진심으로 와닿았다. 남들은 경제적 안정과 성공가도를 향해 더 열심히 앞만 보면서 달린다는 바로 그 나이에 나는 모든 삶의 방향키를 돌리기로 결심했다. '살기' 위해 다르게 살기로 했다. 아니 달라져야 했다. 영화를 하다가 소진되고 병과 빚만 얻어 일을 그만둔 사람들, 회의에 빠져 실망하고 넌더리를 내며 떠나 버린 친구들, 목숨을 끊고 세상을 뜬 지인들을 생각했다. 그저 내 선택이 너무 늦지 않았기만 바랐다.

나는 열심히 일하는 대신 '진심'으로 일하기로 했다. 열심히 하는 것보다 중요한 것은 잘하는 것이다. 그런데 잘하려면 뭣보다 자기가 좋아하는 것을 잘 쉬어 가면서 해야 한다. 그래야 진심이 나온다. 쉬지 않으면 좋아서 시작한 일조차 끔찍하게 싫어진다. 잘하는 게 아니라 결국 망가진다.

모두가 초과노동을 해 가며 치열하게 극한 경쟁을 하는 사회, 열심히 스펙을 쌓아 열심히 일하고 열심히 돈 버는 사회에서 나는 더는 열심히 살지 않기로 했다. 싫은데도 이를 악물고 일하지 않는다. 도태되는 것이 무서워서, 뒤처지지 않으려고 앞만 보며 달리지 않는다. 뛰어가기보다 걸어간다. 나는 악착같이 일해서 더 많이 가지겠다는 욕망을 버렸다. 남들이 알아주는 삶, 잘나가는 삶에 대한 욕심도 버렸다. 돈 대신에 시간을 선택했다. 그리고 그 시간에 더 많은 자유를 누리며 살겠다고 마음먹었다.

## 인생은 올림픽이 아니다

어릴 적부터 부모든 선생이든 남들에게서 가장 듣기 싫었고 지금도 싫어하는 말이 있다.

"사람이 어떻게 자기 하고 싶은 것만 하고 사냐?"

"먹고살려면 싫어도 참고 해야 하는 거야."

"안 되면 되게 해라, 될 때까지 해라."

좋아하는 일만 하면서 먹고살 수 없다고 한다. 직장에 출근하기 전 간과 비위를 집에 두고 나선다는 웃픈 농담처럼, 돈을 벌려면 싫어도 남의 비위를 맞추라 한다. 과연 그런가? 참는 데도 한계가 있다. 싫은 데도 참고 하면 병난다. 죽기 살기로 끝까지 버티면 결국 부러진다. 결실을 맺기도 전에 건강을 잃거나 자칫하면 생명까지 잃을 수 있다. 힘들어하는 이에게 다들 "힘내세요" 한다. 하지만 더는 쓸 힘이 남아 있지 않는 사람, 젖 먹던 힘까지 다 짜 버린 사람에게는 벼랑 끝에서 등을 떠미는 말이다. 목숨 걸고 열심히 하겠다고 한다. 무시무시한 말 이다. 제 목숨을 잃어도 될 만큼 그 일이 가치 있는지 다시 한번 생각 해 봐야 한다. 최선을 다해 열심히 하라는 금과옥조는 개개인 스스로의 성찰을 위해서는 좋은 말이다. 하지만 사람마다 최선에는 한계가 있다. 나의 최선이 상대에게는 최선이 아닐 수 있다. 모든 일에 최선을 다하긴 어렵다. 자신이 가장 좋아하는 일을 할 때 사람은 최선을 다할 수 있다.

노력(努力). 목적을 이루기 위해 온 힘을 다해 애쓰는 것. 노력은 배신하지 않는다는 말이 있다. 하지만 우리는 이미 노력이 배신당하는 세상에서 살고 있지 않은가. 하루하루를 살아내야 하는 개개인의 인생은 저마다 다르다. 열심히 하지 않아도 별다른 노력 없이 이미 다가진, 성공과 부를 거머쥔 사람들이 존재한다. 열심히 해도 마음대로 되지 않는 게 인생이다. 아무리 '노오~력'해 봤자 안 되는 일도 있다. 아둥바둥해도 될 일은 되고, 안 될 일은 안 된다. 누구나 노력하면 성공한다는 말은 거짓말이다. 모두 노력하지만 성공하는 건 '운'에 달렸다. 열심히 노력했다고 해서 반드시 보상이 오는 것도 아니다. 보상은 노력한 양과 동일하게 주어지지 않는다.

열심히 할수록 내가 이만큼 노력했으니 그만큼 보상을 받아야 한다는 마음이 생긴다. 그래서 기대한 만큼 대가가 돌아오지 않으면 억울해진다. 나보다 잘나가는 사람에 대한 질투와 시기심이 폭발하고, 열등감과 자기 비하에 허우적대기 마련이다. 괴로움의 시작이다. 열심히 살수록 자꾸 승패를 따지게 된다. 자꾸 남과 비교하게 된다. 이 나이쯤에는 누구처럼 얼마를 벌어야 하고, 연봉은 얼마쯤이어야 하고, 누구처럼 무슨 차 정도는 몰아야 하고, 누구처럼 몇 평 아파트에서는 살아야 하는데, 누구보다는 잘나가야 하는데, 라는 것이 인생의 목적이자 관심사의 전부가 된다.

나는 "부러우면 지는 거다"는 말이 싫다. 모든 것을 이기고 지는 경쟁으로 보는 세계관이기 때문이다. 살다 보면 부러워할 일도 생기고 질 수도 있다. 뭐든 이겨야만 직성이 풀린다면 지면 열패감에 시달릴 것이고, 이기면 우월감에 빠질 것이다. 부러워하는 자신의 감정마저 승패로 생각하는 사람이란 얼마나 배배 꼬인 사람인가. 모든 걸 경쟁으로 간주하는 사람은 얼마나 불안하고 스트레스가 많을 것인가.

어릴 적 나는 꿈이 없었다. 되고 싶은 것도, 하고 싶은 것도 없었다. 가난한 집안 형편 때문에 무언가 해 보고 싶을 때마다 돈이 걸렸다. 포기가 빨라졌고 굳이 꿈을 꾸지 않았다. 그러다가 처음으로 영화를 하고 싶다는 구체적인 꿈을 품게 되었다. 영화감독으로 성공하고 싶다, 돈을 많이 벌고 싶다는 것과는 달랐다. 그저 할 수만 있다면 좋겠다고 생각했다. 돌이켜 보면 영화로 '돈을 많이 벌고 싶다, 유명해지고 싶다, 성공하고 싶다'는 꿈을 꾸지 않아서 차라리 다행이었다. 영화가 욕망의 사다리가 아니었기 때문에 영화를 잘 만들지 못해 좌절하는 순간에도 영화를 좋아하는 마음은 변한 적이 없었다. 그래서일까. 돈도 못 벌고 영화도 찍지 못하는 시기가 지속되었어도 성공하지 못하는 데서 오는 좌절감과 박탈감은 상대적으로 덜했다. 경쟁이라고 생각했다면 도저히 버티지 못했을 것 같다. 열심히 했는데도 경쟁에서 밀렸다는 자괴감에 일찌감치 영화를 접었을 것이다.

세상에 열심히 노력하지 않는 사람은 아무도 없다. 열심히 안 해서 실패하거나 성공 못 한 것이 아니다. 특히 한국 사회에서는 모두가 열심히 노력한다. 하지만 취업에, 시험에 떨어지는 사람은 항상 있을 수밖에 없다. 오디션 한 번에 바로 배우로 데뷔하는 사람이 있는가 하면 수백 번 봐도 떨어지는 사람도 있다. 인생의 아이러니다. 사람은 저마다 잘하는 것이 있고 못하는 것이 있다. 재능과 체력, 정신력은 사람마다 다르다. 사람의 자질은 순위를 매겨서 점수로 환산할 수 없다. 우리가 살아가는 인생은 경쟁으로 승패를 판가름 내는 스포츠나 게임과는 전적으로 다른 것이다. 삶은 올림픽이 아니다.


## 덜 소유하고 덜 쓰기

이제 나는 열심히 살지 않는 대신 마음 가는 대로 즐겁게 살려고 한다. 해도 해도 안 되면 포기한다. 적절한 시기에 당당하게 포기할 줄 아는 것도 용기다. 모두가 힘들다고 아우성치고 힘내라는 사회에서 힘 빼고 살기로 했다. 결핍을 채우려 욕망하기보다는 결핍을 있는 그대로 받아들이며 나 자신으로 살아가는 삶을 선택했다. 사회적 지위와 성공의 상징으로 펜트하우스와 부동산, 외제차 등을 전리품처럼 과시하는 소비 자본주의 사회, 신자유주의 사회 대한민국에서 나 같은 사람은 제정신이 아닌 사람이거나 자연인 취급을 받을 것이다.

하지만 남들이 나를 낙오자로 부르든 실패자로 여기든 상관없다. 그 남들처럼 사는 것에 더는 관심이 없기 때문이다. 누가 더 잘나가나, 누가 더 잘 버나, 누가 먼저 아파트를 장만하나, 나는 쟤보다 어디쯤에 와 있나, 이런 우열을 가르고 경쟁하는 것이 내게는 더는 의미가 없다. '무슨 배짱이냐, 더 나이 들면 어쩌려고 그러냐, 길바닥에 나앉을까 봐 불안하지 않냐'라는 말을 자주 듣는다. 글쎄. 그동안 사고로 수술대에 오르고 병원에 들락거리며 돈 깨지고 빚을 지고 갚는 일이 벌어졌지만, 아직까지 길바닥이 아닌 걸 보면 나름 괜찮은 것 같다. 불행은 언제나 예고 없이 닥치고 고생은 누구나 하는 법이다. 사십대를 내내 이리 살았지만 아직 하늘이 무너지는 큰일은 겪지 않았다.

대한민국에 사는 사람들의 삶은 모두가 똑같은 종착지를 향해 최단 시간으로 달리는 초고속 열차 KTX와 같다. 현재 나는 그 열차에서 내려 천천히 걸어가는 중이다. KTX를 탄 사람들 눈에는 속도가 가장 중요할 것이다. 하지만 내게는 한 걸음 한 걸음이 더 중요하다. 내가 걷고 있다는 존재감이 더 소중하다. 걷다가 힘들면 앉아서 쉬고, 쉬다가 또 걸어간다. 시간이 느리게도 빠르게도 흘러간다. 나만의 속도로 느릿느릿 걸어가는 삶이다. 인생에서 '멈춤'을 누르고 천천히 걸어가기 시작하자 마음이 절로 편안해졌다.

그때서야 깨달았다. 열심(熱心). 말 그대로 심장에 열이 나도록 전력을 다한다는 뜻이다. 하는 일에 마음을 다해 힘쓴다는 것. 좋은 뜻이다. 하지만 되지 않을 일에 지나치게 애쓰거나, 하고 싶지 않은데 억지로 참거나, 죽을힘을 다해 버티면 마음이 타 버린다. 심장이 탈 때까지 쉬지 않고 일하면 정말 죽는다. 강철 정신은 있다. 하지만 강철 몸은 없다. 앞만 보고 쉬지 않고 달리면 종국에는 멈추지 못한다. 가속도가 붙은 삶은 멈춰야 할 때 연착륙하는 게 아니라 추락한다. 멈출

수가 없어서 그대로 땅에 고꾸라진다. 과로하며 살다가는 삶에 위기가 온다. 누구에게나 반드시 고비가 온다. 중년이 되어 건강을 잃거나 돈을 잃거나 사람을 잃거나 삶이 공허해지거나 한다. 정말 죽거나 혹은 아프거나 삶에서 소중한 무언가를 상실한다. 만일 그런 순간이 오지 않았다면, 아직 멀쩡하다고 자신한다면 당신은 그저 운이 좋았을 뿐이다. 그러니 죽도록 일하지 말고 이를 악물고 참고 버티지도 말아야 한다. 절실히 깨달았다. 다들 파김치가 될 때까지 멈추지 않고 일하는 삶은 비정상이라는 것을. 뭣보다 비인간적이며 자연스럽지 않다는 것을.

# 짐을 줄이자

이삼십 대에는 뭐든 사고 싶었다. 하루에 한 번씩 인터넷 쇼핑몰을 들여다보는 게 일과였다. 국내에 없는 브랜드나 구하기 어려운 물건을 해외 직구로 구매했을 때의 뿌듯함에 한껏 취해 살았다. 마음에 드는 옷이 있으면 비슷한 옷이 있는데도 또 샀다. 책 욕심이 많아서 읽고 싶으면 전부 샀다. 그 탓에 책장에는 읽지도 않은 책이 수두룩했다. '1+1'이라서 사고, 할인한대서 또 샀다. 욕심에 일단 사고 봤다. 무엇보다 내가 그 물건을 살 만한 자격이 있다고 생각했다. 오다가다눈에 띈 것, 반한 것이 있으면 돈이 없어도 그 자리에서 카드로 긁어사지 않으면 성에 안 찼다. 비싸면 할부로 샀다. 그래서 빚을 졌고 다시 빚을 갚기 위해 일했다.

돈 벌어 쓰는 재미에 살았다. 당장 필요해서든 스트레스 해소를 위해서든 쇼핑하는 즐거움은 짜릿했다. 학원 강사를 할 때는 꼬박꼬박 월급이 들어왔기 때문에 신용카드 세 개를 마구 돌려 썼다. 다음 달에 갚으면 되니까 크게 걱정하지 않았다. 자본주의 사회에서는 빚지는 것도 능력이라지 않나. 월급으로 갚으면 되니까 하고 대수롭지 않게 여겼다. '나는 소비한다. 고로 존재한다'는 말을 나 역시 철석같이 믿었다. 예측하지 못한 곤경에 처할 수 있고, 빚을 갚지 못하는 날이 올 수도 있다는 사실을 알기 전까지, 카드 사용 정지를 당하기 전까지 말이다.

그러다 어느 날 일터에서 잘렸다. 하늘이 노래졌다. 당장 카드값부터 막아야 했다. 카드 하나를 못 막자 줄줄이 연체가 되었다. 끔찍했다. 자꾸 걸려 오는 독촉 전화에 부랴부랴 여기저기서 돈을 빌려 갚았다. 이것저것 알바를 더 뛰면서 정신없이 빚을 갚았다. 그런데도 빚은 쉽사리 줄지 않았다. 90년대에는 직장이 없는, 신용이 제로인 대학생에게도 마구잡이로 신용카드를 발급해 주었다. 젊은 영혼을 낚아채 부모의 지갑을 털고 어린 나이 때부터 빚의 노예로 길들이려는 자본주의의 꼼수라는 걸 당시에는 아무도 몰랐다. '겁 없이 카드 쓰다가 신용불량자 된 대학생' 같은 자극적인 제목을 단 기사가 연일 뉴스에 오르내렸다. 나는 빚을 갚아 줄 부모 따윈 없으니 온전히 내가 책임져야 했다.

그제야 퍼뜩 정신이 들었다. 무서워졌다. 빚을 모두 갚은 후에 신용카드와 직불카드 하나만 남기고 다 잘라 버렸다. 그 후로는 빚을 지더라도 돈의 압박을 느끼지 않을 만큼 갚을 수 있는 한계선을 명확히 그어 놓고 소비를 한다. 카드 결제와 대출은 공짜가 아니라 빚이다.

그런데 카드로 소비를 하다 보면 그게 전부 되갚아야 할 빚이라는 사실을 자주 망각하게 된다. 이것이 정말 나한테 필요한 것인지, 왜 필요한지를 진지하게 생각하지 않는다. 돈이 없어도 원하는 걸 당장 손에 넣을 수 있기에 돈의 씀씀이에 무감각해지는 것이다.

그러나 제한 없는 소비를 하고 대출을 받는 것은 노동자에게는 미래의 시간을 빚과 맞바꾸는 행위다. 유동하는 불안정의 시대. 한 치 앞도 내다보기 어려운 불확실성의 시대에 불투명한 미래가 확실한 빚으로 되돌아온다. 잠시 소비자로서 누린 행복(?)의 결과는, 빚을 갚기 위해 시간을 저당 잡힌 채 일터로 가는 피로한 노동자의 초상이다. 물건으로 개성을 연출하고 자아실현을 하는 소비자의 미래는 다름 아닌 빚의 노예 곧 자본의 노예로 사는 삶이다.


## 집을 줄이자 짐이 줄었다

같이 살던 사람과 갈라서면서 따로 혼자 살 집을 구해야 했다. 발품을 부지런히 팔아 봤지만 부동산 중개소를 찾아갈 때마다 점점 더 고개가 숙여졌다. 계약할 수 있는 집이 하나도 없었다. 절망적이었다. 그나마 찾은 원룸은 내가 가진 물건이 들어가기엔 너무 비좁았다. 두 사람 몫으로 살다 보니 어느새 늘어나 버린 살림이었다. 물건을 다 가져가려면 더 넓은 집을 구해야 했다. 하지만 가진 돈으로는 어림없었다. 진퇴양난이었다. 물건을 버리지 않고는 갈 데가 없었다. 버려야 했다. 버릴 물건을 하나하나 가려내면서 깨달았다. 내가 가진 물건이 이렇게 많았을 줄이야. 나는 자존감을 물건을 사들이는 것으로, 소유한 것들의 개수로 착각하고 있었던 것이다.

어렵사리 집을 구해 이사하면서 정말 많은 것을 버렸다. TV를 없앴다. 에어컨 대신 선풍기를 쓴다. 대형 냉장고 대신 구형 백색 냉장고를 사용한다. 1인 가구는 냉장고가 커야 할 이유가 없다. 냉장고가 클수록 그 안에 뭔가를 꽉꽉 채워 넣어야 될 것만 같다. 당장 먹지도 않고 넣어 두었다는 사실조차 까먹을 냉동식품을 가득 넣어 두게 된다. 집이 넓을수록 빈 집을 채우려고 살림이 자꾸 늘어나는 것과 같은 이치다. 반대로 집이 작으면 공간에 필요한 것과 아닌 것을 한 번 더 고려하게 된다.

가구나 물건뿐 아니라 습관도 버리고 욕망도 버렸다. 먼저 쇼핑을 끊었다. 지금은 생필품과 식료품 살 때를 빼고는 웬만해선 쇼핑을 하지 않는다. 어쩌다 검색한 쇼핑 사이트에서 카드로 지르고 싶은 충동을 한 박자 참는다. 그래도 사고 싶은 것이 있으면 일단 장바구니에 담아 둔다. 그리고 며칠은 들여다보지 않는다. 사나흘이나 일주일 후 다시 장바구니를 열어 보면 일주일 전과는 달라진 마음을 확인할 수 있다. 이걸 왜 사고 싶었을까 싶다. 비슷한 걸 이미 가지고 있잖아. 그런데 왜 사고 싶었지? 브랜드가 달라서, 색깔이 다르니까, 디자인이 예쁘니까, 요즘 유행이니까. 이유를 대자면 한도 끝도 없다. 용도가 같은 물건인데 왜 또 필요하다고 느꼈을까. 용도가 같은 물건은 한 개씩만 있어도 충분하다. 이런 식으로 생각하다 보니 생활하는 데 긴요한 것과 아닌 것을 구분하는 습관이 붙었다.

　백화점이나 대형 유통 마트에는 발길을 끊었다. 생필품을 사야 할 때는 메모를 해 두었다가 다이소에 들른다. 장은 주로 동네 마트나 재래시장에서 본다. 여기저기 가게를 둘러본 후 좀 더 싼 물건을 떨이로 팔 때 산다. 대형 마트를 이용하면 생활비가 배로 든다. 주머니가 가벼운 사람일수록 살인적인 장바구니 물가를 실감하는 공간이다. 어쩌다가 대형 마트에 가게 되면 충동구매를 하지 않도록 조심한다. 대형 마트에는 대용량 상품 할인이 많다. 진열대를 빼곡히 채운 상품들을 보노라면 사고 싶다는 충동이 안 들 수가 없다. 특히 1+1 상품을 보면 당장 필요한 것이 아닌데도 지름신이 발동하기 쉽다. 사실 1+1은 엄청나게 싼 것 같지만 결과적으로는 과소비를 불러일으킨다. 그 즉시 소비할 수 있는 여력이 없다면 결국 남기거나 못 쓰게 되어 버리기 때문이다. 나 같은 1인 가구에겐 대용량 물건을 사는 것 자체가 지극히 불필요한 낭비다.

　물건이 많을수록 그만큼 더 에너지를 쏟아야 한다. 쇼핑하는 데도 시간이 들고, 물건을 정리하고 보관, 관리하는 데도 그만큼 시간을 써야 한다. 물건에 대한 애착을 버리자 더는 쇼핑하는 데 시간을 허비하지 않게 되었다. 버릴 물건이 생기면 버리기 전에 그 물건이 혹시 필요할지도 모를 사람을 먼저 생각하게 되었다. 내게 필요 없는 물건이 누군가에겐 쓸모 있을 수도 있으니까. 내가 가진 것을 남과 나누는 것에 좀 더 익숙해졌다.

## 물건이 '나'는 아니다

아파트에 신혼살림을 꾸리면서 값비싼 수입 소파를 무리해서 할부로 들여놓은 동창이 있었다. 직장이 탄탄했던 터라 갚는 데 문제없다고 자신했다. 물건 욕심, 인테리어 욕심이 남달랐던 친구였다. 몇 년 뒤 소식이 뜸했던 그에게서 불쑥 연락이 왔다. 이혼했다는 말과 함께 그는 내게 소파를 싸게 줄 테니 사지 않겠냐고 물었다. 친구가 보여 준 소파는 정말 디자인도 외양도 멋졌다. 누구나 탐낼 만했다. 그래서 더 의아했다. 그렇게나 아끼던 소파인데 왜? 친구는 남편과 일평생 다시 마주치기 싫을 정도로 안 좋게 헤어진 후라 결혼 생활을 떠올리게 하는 물건은 전부 처분하고 싶다고 했다. 워낙 비싼 것이라 본전 생각하니 공짜로 기부하긴 아깝고, 애지중지하던 것이라 아무나 주긴 싫으니 내가 사 주면 어떠냐는 얘기였다. 그 말에 나는 너털웃음을 터뜨렸다.

"야, 싸게 내놓은 가격도 나한테는 너무 비싸. 뭣보다 그렇게 큰 소파가 들어올 자리가 우리 집엔 없어. 우리 집처럼 작은 집엔 어울리지 않는 소파야."

빚 때문에 이사를 가야 했던 친구가 있었다. 그런데 친구는 집은 줄여도 자가용은 못 없애겠다고 했다. 쪼들리는 형편에 유지비마저 비싼 고급차였다. 문제는 그가 이사 간 집에는 주차할 공간이 없었다는 것이다. 이제 주차비까지 나가야 하는 상황이었다. 그런데도 그는 차를 팔지 않고 버텼다. 내가 보기엔 쓸데없는 자존심 같았다. 돈만 잡아먹는 그 차가 왜 그리 중요하냐고 물었다. 그는 차는 그에게 자유를 의미한다고 했다. 운전대를 잡고 있을 때야말로 진정한 자유를 느낀다고. 나는 반문했다. 차가 없으면 자유가 없는 건가. 걸어 다녀도 자유는 느낄 수 있어. 무엇을 자유라 여기는지 관점이 다를 뿐이라 설득했지만 친구는 묵묵부답이었다. 아마도 그에게 자가용은 자신의 과거를 증명하는 유일한 물건이자 하나밖에 남지 않은 추억의 앨범 같은 것이 아니었을까. 후일 자신의 과거와 작별한 그는 차를 팔고 새로운 인생을 시작했다.

아버지가 돌아가신 후 홀로 된 어머니는 소형 임대아파트로 이사를 했다. 짐 정리를 할 때 어머니는 덩치 큰 자개장과 옷장, 서랍장 그리고 당신이 시집올 때 챙겨 온 이불과 옷감을 전부 내다 버렸다. 큰 화분과 아끼던 그릇과 식기 세트는 원하는 이웃에게 골고루 나눠 주셨다. 이삿짐 싸는 걸 도우러 갔다가 그 광경을 보고 나는 깜짝 놀라서 괜찮으시겠냐고 물었다. 팔순이 넘은 어머니의 대답은 이랬다.

"아무리 좋은 물건 쌓아 놔도 늙고 병들면 그게 다 짐이다. 늙으면 다 소용없어. 몸뚱이 하나도 챙기기 힘든 노인네가 집 크면 뭐 하냐, 관리하기만 힘들지. 그리고 물건 많으면 나 죽은 후에 니들이 그거 처리하느라 힘만 들어. 쓰레기 떠넘기는 것밖에 더 되냐."

'소용없다'는 한마디가 벼락처럼 머리를 후려쳤다. 그 전까지 나는 늙는다는 생각을 해 본 적이 없었다. 늙어서 어떤 살림을 꾸리고 있을까를 고민해 본 적도 없었다. 내가 죽은 후에 누가 내 뒤를, 내 물건과 짐을 처리해 줄까도 상상해 본 적이 없었다. 하지만 지금부터는 생각해야만 한다. 대한민국은 초고령 사회다. 앞으로는 누구나 홀로 살게 되는 시기가 온다. 많이 가지는 삶은 쓰레기도 많이 남긴다. 물건은 사용하는 사람이 있을 때나 쓸모가 있다. 아무리 좋은 것도 쓸 사람이 없으면 무용지물이다. 소중한 추억이 깃든 물건이라도 쓰임을 잃어버리면 아무 소용이 없다. 용도를 상실한 물건은, 물건에 대한 추억을 공유하지 못한 사람에게는 쓰레기에 불과하기 때문이다.

　일 년에 한 번씩 빼먹지 않고 대대적으로 물건 정리를 한다. 쓸데없는 것을 사지 않으려고 조심했는데도 정리를 하다 보면 또 놀란다. 그새 물건이 늘어나 있는 것이다. 똑같은 물건이 몇 개씩 쟁여져 있기도 한다. 줄인다고 줄였는데도 물건이 너무 많다는 걸 확인할 때마다 한숨이 절로 나온다. 물건을 버리는 일은 생각보다 어렵다. 당연하다. 자신에게 의미 있다고 생각하는 무언가를 놓아 버리기가 어디 쉽겠는가. 물건을 버리지 못하는 진짜 이유는 두려움 때문인지도 모른다. 버려야 할 것을 붙잡으려고 할 때 두려움은 시작된다. 두려움은 소중한 것을 잃어버린다고, 빼앗긴다고 느꼈을 때 드는 감정이다. 나는 그런 감정이 들 때마다 이렇게 한다. 더 작은 집으로 이사 갈 경우를 가정하고 그곳에 가져갈 수 있는 가장 긴요한 것만을 추린다. 그 상상 속에서는 지금 가지고 있는 옷과 책과 도저히 버리지 못하고 있는 CD마저 모조리 버린다.

　우리는 너무 많은 물건에 둘러싸여 산다. 마치 소유한 물건이 나라는 사람을 대변해 주는 것만 같다. 물건에 대한 집착은 정신적으로나 정서적으로 사람을 짓누르며 본모습을 가린다. 물건에 자신을 투사하기 시작하면 정체성도 잃어버린다. 물건이 자신이 되면 물건을 상실하는 순간에 자존감도 여지없이 박살난다. 물건이 물건으로만 쓸모가 있도록, 물건에 잠식당하지 않도록 계속 노력해야 한다. 언젠가 잃어버릴 것을 위해 시간과 싸우는 것은 부질없는 짓이다. 물건은 물건일 뿐, 나 자신이 아니다. 사람이든 물건이든 뭐든 떠나보낼 줄 알아야 다음에 올 것을 위한 빈 공간이 생긴다.

## 자유라는 시간을 얻다

내가 소비하는 삶을 버린 후에 얻은 것이 하나 있다. 물건이 나를 대신하지 않는다는 것, 나는 나 자신만으로 충분하며 소유한 물건 이상의 존재라는 자각, 바로 자기 인식이었다. 사실상 추억은 물건이 아니라 기억이 대신한다. 더 많은 경험이 더 많은 추억을 만든다. 추억하고 싶다면 언제든지 기억 속에서 끄집어 낼 수 있는 여유만 있으면 된다. 그런데 경험하려면 시간이 있어야 한다. 추억하고 싶어도 시간이 있어야 한다. 소비를 줄이면 소비할 돈을 벌고 빚을 갚기 위해 더 일해야 하는 시간을 온전히 내 것으로 만들 수 있다. 불필요한 소비를 줄이자 빚을 덜 지게 되었고 여유가 생겼다. 그러자 내가 무엇을 좋아하고 싫어하는지도 분명히 알게 되었다. 남들이 좋다니까 따라가거나 남들처럼 살기 위해 소비하지 않고 내가 좋아하는 것과 내게 필요한 것을 사서 쓸 수 있는 분별력을 얻었다.

버릴수록 자유롭다. 확실히 삶이 단순하고 편안해졌다. 성공에 대한 강박과 소비에 대한 집착을 내려놓은 이후 내게 찾아온 것은 자유였다. 삶의 방식과 노동의 속도를 바꿈으로써 내가 얻은 것은 돈이 아니라 선택의 자유이자 쉬어 갈 수 있는 여유였다. 나는 쓰기 위해 돈을 더 벌고 빚을 갚기 위해 더 열심히 일하는 삶 대신 시간을 얻었다. 시간이라는 자유를 얻었고 그 자유를 천천히 느린 속도로 살면서 보고 듣고 느끼고 배우고 경험하는 데 쓴다. 기억하기 위해서, 더 오래가는 추억을 남기기 위해서다.

사실 먹고 자고 입고 사는 데 많은 돈이 들지는 않는다. 돈은 필수적이지만 절대적이지 않다. 적게 갖고, 적게 쓰면 덜 스트레스 받는 작은 삶을 살 수 있다. 작은 삶은 긴요한 것에만 소비할 수 있는 절제력, 불필요하고 쓸데없는 것들에 나를 빼앗기지 않고 시간을 낭비하지 않는 능력, 결핍을 채우려고 애쓰기보다 결핍인 상태를 받아들이는 여유, 삶을 욕망으로 채우려 몰아붙이기보다 멈추어 만족할 줄 아는 삶의 기술 등을 기르거나 알게 해 주었다.

다들 돈 많이 벌어 펑펑 쓰고 싶은 게 소원이라 한다. 하지만 나는 그런 욕망에 역행하기로 작정한 사람이다. 적게 벌어 적게 쓰는 대신 더 많은 시간과 여유와 자유를 누리고 산다. 이런 말을 하면 사람들은 돈을 적게 버는 데 무슨 여유냐며 나를 비웃을 것이다. 여유를 돈으로 산다고 믿는 사람들 생각이다. 여유란 것은 돈을 내고 특급호텔에 머물고 일류 레스토랑에 가거나 차를 사서 폼 나게 달리는 것이 아니다. 돈이 있어야만 여유가 있는 것이 아니다. 내게 여유란 소비가 아니라 아무것도 하지 않을 자유와 한가롭게 멍 때리며 느긋하게 충분히 공상하는 시간을 의미한다. 그 시간이 온전히 내 것이라면 그것으로 족하다. 돈 많은 사람들이나 여유가 있는 거라고 불평하는 사람들을 보면 적이 안타깝다. 이들에게 여유란 소비다. 그러나 먹고 쓰고 노는 데 돈을 써야만 여유라 생각한다면 여유를 사려고 더 많이 벌어야 할 것이다. 결국 소비할 돈을 벌기 위해 더 오래 일해야 할 것이다. 악순환이다.

나는 노동 기계, 돈의 노예, 자본의 노예에서 벗어나는 삶을 지향한다. 발터 벤야민의 말대로 노동자로서 소비자가 아니라 "생산자"라는 정체성을 잃어버리지 않기 위해서다. 단순히 목숨을 연명하기 위해, 소비하고 또 소비하기 위해, 노동하는 사람은 다른 세계를 꿈꿀 수 없다. 나는 욕망이 없는 것이 아니라 다른 욕망을, 새로운 세계를 꿈꾼다. 인간의 존엄과 가치가 그가 지닌 자산의 규모와 버는 돈의 액수로 계산되는 품위 없는 자본주의 사회에 저항하는 사람이 되고 싶은 것이다.

## 집에 대한 '기복 신앙' 버리기

한겨울에 급히 이사를 해야 했다. 여기저기로 집을 보러 다녔다. 프리랜서인지라 수입이 들쑥날쑥해서 보증금을 조금 올리더라도 되도록 월세가 싼 집을 구하고 싶었다. 단독 주택, 다세대 연립 주택, 원룸, 빌라 등 온갖 집을 둘러봤다. 그런데 싼 집은 햇빛이 들지 않는 반지하방뿐이었다. 부동산 중개소에서는 이사철이 아니라 나온 집이 별로 없다고 했다. 내가 원하는 조건에 딱 맞는 집을 찾는 건 하늘의 별 따기였다. 대출을 받든가, 비싼 월세를 감당하든가 둘 중 하나를 선택할 수밖에 없는 상황이었다.

궁여지책으로 고시원을 알아봤다. 짐 없이 몸만 들어가 겨울 한철을 지내기엔 고시원도 나쁜 선택은 아니라고 생각했다. 창문 없는 방이 40만 원, 있으나 마나 한 창문이 달린 방이 45만 원. 비좁고 어두컴컴한 복도를 사이에 두고 양쪽으로 방들이 줄줄이 이어져 있었다. 마치 수용소 아니면 닭장 같았다. 숨이 막혔다. 무엇보다 햇볕이 들지 않는다는 것이 견디기 힘들었다.


## 가난한 젊은이가 가난한 노인으로 죽는 사회

이십대에 집을 나왔을 때와 기분이 사뭇 달랐다. 곰팡내 나는 반지하방에서도 살았고 옥탑방에서도 살았다. 재개발 때문에 철거를 앞둔 동네에서도 살았고 비좁은 원룸에 둘이 살기도 했다. 집 대신 모텔을 전전한 적도 있다. 하지만 당시에는 우울하기는커녕 오히려 부모에게서 독립했다는 해방감에 들떠 있었다. 그때는 중년 이후를 생각할 나이도 아니었고 고시원과 반지하방이 인생의 종착점이 될 수 있다는 상상을 해 본 적도 없었다.

하지만 이제 더는 어리지도, 젊지도 않은 나이 마흔에, 햇볕도 들어오지 않은 반지하방이나 어두운 복도를 숨죽이며 지나야 하는 고시원에서 지내야 한다고 생각하니 불현듯 우울감이 쓰나미처럼 덮쳤다. 굳게 닫힌 방문 안에서 모두가 소리 없이 죽어 갈 것만 같았다. 고시원. 소외되다가 소멸될지도 모르는 공간, 친구도 가족도 아닌 낯선 이방인들이 각자의 버거운 삶과 외로움을 짊어진 채 단절되어 있는 공간, 사람의 목소리와 얼굴이 지워진 타자들이 스스로와 서로를 소외시키는 공간. 이곳을 집 삼아 살다가는 우울과 절망으로 서서히 죽어 갈지도 모르겠다는 두려움이 몰려왔다.

대도시에는 두 가지 얼굴이 공존한다. 자본과 문명이 가져다주는 물질적 풍요로움이 하나고, 그 화려함과 안락함에서 소외된 이들의 절망이 만들어 내는 빈곤의 그늘이 다른 하나다. 첫 번째는 부의 과시로 드러나지만 두 번째는 치안으로 감추어진다. 초고층 아파트 펜트하우스가 과시의 상징이라면, 원룸 또는 고시원은 소외의 상징이다. 원룸과 고시원은 겉으로는 개인의 독립성을 보장하는 안전하고 쾌적한 공간처럼 보인다. 하지만 실상은 개인을 이웃과 단절시키고 파편화시키며 고립시킨다. 개인의 가난과 소외를 마치 없는 것처럼 지워 버리는 공간이다. 편리함으로 미화된 이런 곳에 외로움과 관계 단절은 풀 옵션이다. 외관상으로 그럴싸한 신축 원룸도 굳게 닫힌 철문 안에서는 월세와 대출금의 압박에 시달리며 빈곤과 사투를 벌이는 젊은이들이, 초과노동에 짓눌린 노동자가 혼자 살고 있을 것이다.

결말이 해피엔딩이거나 끝이 보이는 고난은 어떡하든 참을 수 있다. 한 사람이 겨우 누울 수 있는 좁은 공간이라도 젊은 시절에 한 번쯤 거치는 과정에 불과하다면 까짓것 낭만이라 치부할 수 있다. 어쩔 수 없는 상황 때문에 한시적으로 머무르는 공간이라면 잠시 고생하는 셈 치면 된다. 합격할 때까지만, 취직할 때까지만, 일자리를 찾을 때까지만, 돈을 모을 때까지만 버티겠다는 독한 마음을 먹을 수도 있다. 하지만 고시원 방을 평생의 보금자리로 여기고 싶은 사람은 아무도 없을 것이다. 고시원을 둘러본 후 가장 무서웠던 것은 가난한 젊은이였던 내가 다시 가난한 장년을 거쳐 가난한 노년이 되면 어쩌지 하는 것이었다. 5평짜리 방에서 월세로 살았던 내가 늙어서도 이 삶을 쉽게 탈출할 수 없다는 생각이 든다면, 그 생각만으로도 사람은 죽을 수 있는 것이다. 햇볕이 잘 들지 않는 집만큼 미래가 출구 없는 절망으로 다가오기 때문이다. 무거운 마음으로 고시원을 나섰다.


## 사람들을 단절시키는 가짜 '집'들

그 뒤로 집을 더 보러 다녔다. 도저히 사람이 살 만한 환경이 아닌 집도 많이 봤다. 살 사람의 편의는 안중에도 없고 오직 돈벌이에만 혈안이 된 집들이었다. 최소 주거 면적도 못 지킨 최악의 집도 있었다. 주차장을 개조해 대충 집인 척하는 반지하방, 방바닥과 화장실 천장이 기울어져 있는 집도 있었다. 제대로 열리지도 않는 창문을 열면 감옥 창살이 가로막고 있었고 겨우 창밖으로 보이는 풍경이라고는 남의 집 벽뿐이었다. 그나마 그럴듯한 신축 원룸은 베란다도 없는 좁아터진 방 하나에 월세가 최소 50~60만 원 이상이었다. 어처구니없이 비쌌다.

햇볕이 들지 않는 반지하방으로 이사하기는 싫었다. 매달 월세로 40만 원이 넘는 돈을 내면서 고시원에서 우울한 겨울을 나긴 더 싫었다. 프리랜서인 나는 일상의 대부분을 집에서 보낸다. 집이 작업장이자 쉼터고 생활공간이다. 고시원이나 원룸에서 산다면 아무것도 할 수 없을 것 같았다. 어디로든 밖으로 도망쳐야 했을 것이다. 잠잘 때 빼고는 종일 카페에 죽치고 있을 게 분명했다. 돈 아끼려다가 돈이 더 깨졌을지도 모른다.

어느 산동네 자락에서 서울 전경을 내려다보던 날이었다. 한강 줄기를 따라 끝없이 이어진 아파트들과 그 너머로 다닥다닥 붙어 있는 수많은 집이 보였다. 집 너머 집. 이렇게도 집이 많은데 내 몸뚱이 하나 누울 집, 사람답게 살 집, 지상의 방 한 칸이 없단 말인가. 탄식이 절로 흘러나왔다. 희한한 일이었다. 그날따라 날씨가 환상이었다. 눈이 부시게 찬란했다. 그 순간, '그래, 다른 건 몰라도 세상을 비추는 저 햇살 하나만 있으면 된다'는 말이 마음속을 스쳐 지나갔다.

그 길로 돌아와 짐 정리를 시작했다. 물건을 죄 버리고, 팔고, 가져가겠다는 사람에게 주면서 살림을 전부 정리했다. 나머지 짐은 1톤 트럭 하나에 실어 보관센터로 보냈다. 그리고 배낭만 달랑 하나 들고 비행기에 올랐다. 매달 월세와 생활비로 깨지는 돈이나 길에서 가난한 배낭여행자로 지내면서 깨지는 돈이나 비슷했다. 어차피 불안한 삶이 달라지지 않는다면 고시원에서 춥고 우울한 겨울을 나는 것보다야 따뜻한 남쪽 나라 해변에 누워서 걱정하는 게 차라리 낫겠다 싶었다. 개미처럼 부지런히 일해야지 베짱이처럼 게으르면 안 된다고들 한다. 하지만 왜 한 방향으로만 살아야 하는가. 사람은 개미이기도 하고 베짱이이기도 하다. 개미처럼 열심히 일했으면 베짱이처럼 쉴 때도 필요한 법이다. 나는 개미 대신 베짱이로 겨울을 나기로 결심했다. 생각할 여유가 있으면 살아갈 방도도 떠오르겠지. 강남 갔던 제비가 돌아올 때즈음이면 살 집을 구할 수 있을 거야. 집 없이 빈 몸으로 타지로 떠나는 마음은 묘하고 쓸쓸했지만 한편으로는 홀가분했다.

## 집은 돈벌이 수단이 아니라 보금자리

집은 누구에게나 중요하다. 집은 잠시 거쳐 가는 장소가 아니라 생활의 터전이자 보금자리가 되어야 한다. 보금자리란 살기에 편안하고 아늑한 곳을 의미한다. 집이 보금자리가 되어야 한다는 점에 1인 가구와 4인 가구의 차이는 없다. 그런데 살고 있는 집이 우울과 불안을 안겨 주고, 외로움과 관계 단절을 느끼게 한다면 자존감을 지키며 지내기가 너무 어렵다. 사는 공간에 부정적 자아상을 투사하게 되기 때문이다. 거주란 결국 생존이자 생활의 문제다. 삶의 질을 결정짓는 것 중 가장 큰 요소가 바로 집이다. 집은 사람의 몸만 누이는 곳이 아니라 마음을 누이는 곳이기 때문이다.

그러나 한국인들 머릿속에서 집이란 보금자리가 아니라 돈, 수익을 올리는 사업 수단이다. 1인 가구 주택 문제를 해결하는 방식도 이 시각에서 벗어나지 못한다. 1인 가구의 열악한 주거 형태를 개선하려면 1인 가구용 아파트를 공급해야 한다는 식이다. 1인 가구가 급속도로 늘어나자 기회는 이때다면서 1인 가구용 아파트에 투자하라고 난리 법석이다. 치솟는 집값과 주거비 부담으로 월세 시장으로 내몰리는 1인 가구를 공략해서 돈을 벌겠다는 심산인 것이다. 사람이 살 만한 안전하고 쾌적한 환경을 조성하려는 게 아니라 집을 미끼로 수익을 창출하기만 하면 된다는 논리다. 한국 사회는 성장과 개발 그리고 속도에 중독돼 있다. 오죽하면 한국의 5대 종교가 불교, 천주교, 기독교, '교육' 그리고 '부동산'이라고 하지 않는가. 한국인에게 교육과 부동산은 기성 종교를 뛰어넘는 맹목적 신앙의 대상이다. 한국인들의 아파트 사랑, 아파트 중독증을 말해 뭘 하랴. 입만 아프다. 대한민국은 한마디로 '아파트 공화국'이다. 한국인들에게 아파트는 자신이 평생 살 보금자리가 아니라 과시하고 전시하는 공간이거나 투자할 물건에 불과하다.

지금까지 한국인들은 인간 생존의 기본 요소인 의식주 중에 '주'를 통해 정체성을 확립했다. 집이라는 부동산으로 노후를 준비하고 자신의 정체성을 마련했다. 반세기 이상 한국인들에게 내 집이란 성공과 노후 대비의 상징이었다. 20세기 고도성장기에 기성세대는 정년까지 보장되는 안정적인 직장을 다니며 대출로 집을 샀다. 집값이 오르면 대출금을 갚고서도 남아서, 더 큰 아파트로 이사를 갈 수 있었다. 아파트로 돈을 벌고 그 돈으로 다시 아파트를 사는 것이 과거 세대의 생애 주기이자 인생관이었다. 이들에게 집이란 웃돈 곧 프리미엄을 받고 파는 자산이었으며, 집값이 오른다는 것은 성공으로 가는 지름길이자 신분 상승의 사다리를 의미했다.

하지만 이제 뭐든 부수고 새로 지어 수익을 올려야 하는 성장개발주의로는 삶의 질이 좋아지지 않는다. 청년 세대에게 부모 세대의 로망인 '내 집 마련'이라는 중산층 신화는 더 이상 의미가 없다. 이미 시작부터 불가능한 이야기다. 우선 양질의 일자리부터 얻기 어렵고, 일자리를 구한들 정규직도 아니며, 그마저도 언제 어디서 잘릴지 모른다. 대출금은 투자가 아니라 수십 년간 고스란히 갚아야 할 빚이고, 그 빚을 갚기 위해 죽이 되든 밥이 되든 다시 일터로 향해야 한다. 21

세기에 집을 소유한다는 건 빚쟁이와 동의어다. 빚을 깔고 앉은 '내 집 빈곤층', 집을 팔아도 빚을 못 갚는 '하우스 푸어'의 삶인 것이다.

나는 집을 소유한 빚쟁이로 살고 싶지 않았다. 인생을 내 집 마련과 재테크에 올인하는 삶, 빚을 갚기 위해 어제도 오늘도 내일도 노동하는 삶을 살고 싶지도 않았다. 나는 '주'를 통해 정체성을 세우려는 욕망을 버렸다. 집에 대한 인식 자체를 바꿨다. 집이란 소유하고 수익을 내는 '물건'이 아니라 사람이 거주하며 살림하는 '공간'이 되어야 한다. 내가 산(buying) 집이 나는 아니다. 내가 사는(living) 집을 나와 어울리는 보금자리로 가꾸면 된다. '내' 집이 아니라 '사는' 집이면 그걸로 충분하다.


## 개발이 개입하지 않은 마을의 풍경


귀국해서 다시 집을 알아보러 다녔다. 그러다 운 좋게 지금의 집을 구했다. 지은 지 족히 40년도 더 된 낡은 집이었다. 그런 집에서 살 바에야 차라리 대출받으라는 말도 들었다. 하지만 언제 잘릴지 모르는 비정규직 인생, 고정 수입이 없는 프리랜서의 불안정한 노동 여건을 생각하면 그렇게 할 수 없었다. 지금은 한 치 앞도 가늠하기 어려운, 불안정이 디폴트인 시대 아닌가. 앞으로 십수 년을 꼬박꼬박 갚아야 하는 빚에 묶여 살긴 싫었다. 차라리 살림과 씀씀이를 줄여 빚 없이 가뿐하게 내 삶을 온전히 살기로 마음먹었다. 낡은 집이라 그런지 월세가 시세보다 턱없이 쌌다. 월세라는 고정비용이 덜 나간다는 것만으로도 경제적 부담이 확 줄었다. 편리함을 포기하고 불편함을 감수하는 대신 자유를 얻었다.

처음 이사 왔을 때 오래된 집이 다 그렇듯 집 상태가 엉망이었다. 금방이라도 허물어질 것 같은 외관이었다. 화장실에 거울도 세면대도 콘센트도 없었다. 지붕에서는 비둘기가 살고, 벽 사이마다 거미줄이 쳐져 있고 곰팡이가 피었다. 방문은 아귀가 맞지 않았고, 오래된 문짝에는 얼룩이 져 있었다. 삼 주에 걸쳐 발품을 들여 이것저것 사다 직접 집을 수리했다. 벽과 문, 계단까지 모조리 페인트를 칠하고 조명등도 새로 갈아 끼웠다. 내게는 단순히 잠만 자는 숙소가 아니라 생활하는 집이라는 정체성이 중요했다. 낡고 허름했지만 나만의 보금자리를 만들 필요가 있었다. 간소하지만 편히 쉴 수 있는 공간으로 꾸미고 싶었다.

이 집의 가장 좋은 점은 채광과 통풍이 훌륭하다는 것이다. 비록 낡을 대로 낡아 곧 쓰러질 것 같은 집이지만 집 안팎으로 빛과 바람이 잘 드나들었다. 뭣보다 커다란 창문 너머로 옆집 담벼락이 아닌 사시사철 나무들과 하늘 등 바깥 풍경을 볼 수 있었다. 혼자 안락하게 휴식을 취할 수 있는 넓은 발코니도 있어, 창문 없는 고시원이나 곰팡이로 눅눅한 반지하방, 반듯한 네모 상자 같은 답답한 원룸보다는 훨씬 집다운 집, 사람이 살 만한 집이었다.

내가 사는 동네는 개발 광풍이 몰아치지 않은 곳이다. 대규모 고층 아파트 단지나 오피스텔, 원룸, 빌라 촌도 없고, 유흥가도 없다. 그 덕분에 아직도 옛 모습이 많이 남아 있다. 향나무와 소나무 수십 그루가 심긴 멋진 정원을 품은, 으리으리한 축대로 둘러싸인 부잣집 옆에는 오래된 다세대 연립 주택이, 그 옆에는 쓰러져 가는 문방구가, 그 뒤로는 새로 지은 신축 빌라가 나란히 붙어 있다. 부자와 빈자가 서로를 배척하지 않고 나란히 이웃하며 어울리고 더불어 살 수 있는 동네다. 가난이 절망이거나 질병이 아닌 곳, 고독이 소외가 아닌 마을이다. 아파트 외벽에 마을이라는 이름을 붙인 곳이 아니라 진짜 마을이다.

아침마다 새소리를 들으면서 잠에서 깬다. 개 짖는 소리도 소음이 아니라 훈훈한 풍경의 일부가 된다. 집 근처에는 슬리퍼 신고 가끔 들르는 단골 카페도, 목욕탕도 있다. 안면을 익힌 가게 주인장들과 차를 마시며 수다를 떨거나 간식을 나눠 먹는다. 자주 가는 식당 주인과 세상 돌아가는 이야기를 나누고 아주머니가 바깥양반 흉볼 때 장단도 맞춰 드린다. 어느 날은 옆집 할머니가 날 불러 떡과 과자를 건네주셨다. 날마다 길냥이에게 밥을 챙겨 주는 이웃도 있고 제 집 마당도 아닌데 길섶 화단을 정성스레 가꾸는 이웃도 있다. 꽃구경하러 멀리 갈 것도 없다. 오다가다 발걸음을 멈추고 동네 길목에서 맘껏 즐긴다.

이 집으로 이사 온 후 산책이 일상이 되었다. 기분 전환이 필요하면 집 밖으로 나선다. 바로 옆에 공원이 있고 뒤에 산이 있다. 잔디밭에 누워 빈둥대거나 어슬렁어슬렁 숲길을 걷는다. 돈 한 푼 들이지 않고 멀리 여행을 떠난 기분마저 든다. 모두가 바쁜 대도시 서울 한복판에서 그것도 한낮에 공원 벤치에 누워 있거나 잠을 청한다. 그러다 동네 친구에게서 전화라도 오면 옳다구나며 동네방네 마실을 다닌다.

이 모든 것은 원룸이나 고시원, 아파트에 살고 있었다면 불가능한 일이었을 것이다. 집을 보금자리가 아니라 돈벌이로 간주하는 동네였다면 누릴 수 없는 사치며, 소소한 일상의 행복이다. 소외가 아니라 여유이며 고립이 아니라 한적함이다. 혼자 살아도 외롭다는 생각이 전혀 들지 않는다. 안부를 묻고 인사를 나눌 이웃들이 있고, 한 끼 밥을 나눌 수 있는 벗들이 살고 있다. 우리는 모두 연결되어 있다는 것을 날마다 느낀다. 어디서 어떤 집에서 어떤 이들을 이웃하며 사는가. 삶의 조건이 생의 의미를 만든다. 혼자인 것이 '희망 없음'을 의미하지 않는다는 것을, 가난해도 품위를 지키면서 살 수 있다는 것을, 나만의 속도로 사는 것이 '낙오'가 아니라 '느리게 사는 여유'가 될 수 있다는 것을 모두 이곳에서 배웠다.

내가 자발적 비혼이자 1인 가구로 사는 까닭은 독립된 삶을 원하며 사생활을 간섭받기 싫어서이다. 하지만 그렇다고 해서 모든 인간관계를 끊고 고립되어 살고 싶다는 뜻은 아니다. 자발적인 고독과 관계 단절로 생기는 소외는 전혀 다른 것이다. 개인적 시간과 공간이 필요하다고 해서 왕따가 되고 싶은 사람은 아무도 없다. 내가 살아 있음을 누군가에게 알리고 싶은 마음, 그가 잘 지내고 있는지 알고 싶은 마음, 타인과 소통하고 관계 맺고 싶은 마음은 인지상정이다.

나는 사적인 영역을 존중받으면서 타인과 관계 맺는 삶을 원한다. 나만의 공간이 필요하지만, 그 공간은 문이 닫혀 있는 곳이 아니라 밖으로 열려 있는 곳이어야 한다. 집이 돈벌이 수단이 아니라 사람이 사는 보금자리로 대우받고, 사람들이 더불어 살아가는 마을을 더 아끼는 세상을 꿈꾼다. 그날이 올 때까지 오늘도 소박하게 하루를 시작한다. 불안에 잠식되지 않는 삶을 부단히 연습하고 더 작고 가뿐하게 사는 법을 배우며 살고 있다.

# 그냥 동거하자

90년대 초에 첫 동거를 했다. 스무 살이 넘었는데 심지어 귀가 시간까지 정해 놓고 통제하려 드는 부모에게 참을 수 없을 만큼 짜증이 났다. 나도 이제 법적 성인이라고 강변해 봤자 씨알도 안 먹혔다. 아들은 만취해 들어와도 사고를 쳐도 남자니까 그럴 수 있지만 딸은 여자라서 안 된다는 논리에 질식할 것만 같았다. 딸은 하늘이 두 쪽 날지언정 부모 말 잘 듣는 착한 딸이어야 했다. 나는 부모의 간섭과 통제를 벗어나 내가 하고 싶은 대로 살고 싶었다. 자유롭게 살고 싶은 욕망에 남녀 차이가 있다고 생각하지 않았다. 그래서 그 하늘을 두 쪽 내 버리기로 결심했다.

싸움이 잦아졌다. 부모의 입에서 "계집애가~"라는 말이 나올 때마다 대들었다. 술을 마시고 새벽에 들어갔고 외박을 밥 먹듯이 했다. 부모의 권위에 대놓고 반기를 든 거나 다름없었다. 급기야 아버지 입에서 내 이름을 호적에서 파겠다는 험한 말까지 나왔다. 결국 대판 싸우고 집을 나왔다. 그리고 당시 사귀던 남자와 동거를 시작했다. 이미 독립해서 혼자 살고 있던 그와 같이 살기로 한 것이다. 돈이 별로 없으니 경제적인 이유에서라도 동거가 여러모로 합리적인 선택이었다. 나는 첫 동거 상대인 그가 일찍 부모를 여의고 형제와는 따로 사는 싱글이라는 것에 얼마나 안도했는지 모른다. 우리 둘 사이에 생기는 모든 문제는 온전히 그와 나의 책임이자 선택일 거라 생각하니 더없이 기쁘기까지 했다. 무엇보다 부모의 간섭이 없으니 정말 살 것 같았다. 부모와 자식 간의 일방적인 복종 관계가 아니라 파트너와 맺은 수평적이고 동등한 관계가 주는 해방감은 다른 무엇과도 바꿀 수 없었다.

삼십대에 동거했을 때는 부모에게 대놓고 동거 사실을 밝혔다. 그랬더니 이번에도 부모 자식의 인연을 끊자는 말이 나왔다. 동거를 절대로 허락할 수 없다는 말에 허락을 받자고 꺼낸 말이 아니라 사실을 알려 드리는 것뿐이라고 말씀드렸다. 어머니는 동거가 죄악이라도 되는 양 남들이 알까 봐 창피하다며 날더러 부끄럽지도 않느냐면서 펄펄 뛰셨다. 하지만 나는 그 남들이 뭐라든지 관심이 없었다. 그들이 내 인생을 살아 주는 것도 아니지 않은가.

"아버지 어머니가 제게 원하는 삶은 제가 좋아하지도 바라는 삶도 아녜요. 엄마 아빠 행복이 제 행복은 아니잖아요? 저는 제가 행복하게 살고 싶습니다."

이 말을 던지고 그 길로 짐을 쌌다. 내가 살고 싶은 방식이 있는데 왜 부모가 시키는 대로 살아야 하나. 사춘기 애도 아니고 서른이 넘은 자식의 인생에 감 놔라 배 놔라 하는 부모가 더 이상한 것 아닌가. 행복의 기준을 누가 정하는가. 부모도 사회도 아니다. 내가 정하는 것이다. 어떤 사람으로 어떤 이와 살아갈지도 자신이 선택해야 한다. 부모에게 돈 한 푼 받은 게 없으니 집을 떠날 때도 당당했다. 부모의 간섭과 통제가 싫으면 경제적으로 지원을 받지 않으면 된다. 경제적으로 독립하면 부모라 해도 자식의 사생활에 이래라저래라 끝까지 간섭할 수는 없다.

## 삼종지도, 혼전순결, 성평등이
## 혼재돼 있는 사회

2018년 방영된 드라마 〈밥 잘 사주는 예쁜 누나〉에서 서른다섯이나 된 여주인공이 어머니에게 출장 간다고 거짓말하고 애인과 외박을 하는 장면이 있었다. 실소가 나왔다. 내가 동거를 시작한 90년대, 2000년대나 지금이나 별반 달라진 게 없는 것 같았다. 요즘도 딸의 귀가 시간을 정해 두고 외박은 절대 안 된다고 말하는 부모가 있다는 말을 듣고 깜짝 놀란 적이 한두 번이 아니다. 멀리 갈 것 없이 나의 20대 지인들 얘기다. 학교나 직장이 다른 지역이라 불가피하게 독립해야 하는 경우나 같이 살 형제자매가 있지 않는 한, 부모가 혼자 사는 걸 허락해 주지 않는다는 것이다.

한국은 서구에서 200~300년에 걸쳐 이룩한 산업화를 불과 70여 년 만에 후다닥 해치운 나라다. 급속도로 압축 성장을 한 탓에 사회적으로 문화 지체 현상이 심각하다. 외형적인 하드웨어는 달라졌을지 몰라도 내면의 소프트웨어는 하나도 바뀌지 않았다. 한국 사회는 다소의 비약을 무릅쓰고 거칠게 정리하면, 여성에게 삼종지도를 강요하던 19세기 조부모 세대와 남녀유별과 혼전순결을 당연시한 20세기 부모 세대 그리고 성평등과 사생활을 중요시하는 21세기 자식 세대가 한 사회에서 삼층탑을 이루면서 산다. 이 때문에 부모 자식 간의 갈등 상황 태반이 세대, 가치관 차이에서 비롯되는 것이다.

젊은 세대와 비혼인들에게 결혼은 이미 삶의 대안도, 미래에 살아갈 자신의 모습도 아니다. 나날이 치솟는 집세와 구직난 때문에라도 앞으로 동거는 젊은이들에게 생존의 방식이 될 수밖에 없다. 주위를 둘러보면 결혼 대신 동거하는 커플이 많다. 사랑해서든 경제적이고 현실적인 이유에서든 동거하는 이들이 늘어나는 추세다. 그런데도 동거 사실을 부모와 주위에 당당히 밝히지 못하는 것은 예나 지금이나 똑같다. 동거 사실이 알려지기라도 하면 결혼하라고 사방에서 성화를 부리기 때문이다. 이러니 성인이 되어도 결혼 전까진 부모 앞에서 섹스한 번 해 본 적 없는 양 오리발을 내밀고, 동거를 해도 아닌 척 거짓말을 늘어놓는다. 다들 알면서도 모른 체하고 뒤로 호박씨를 깐다. 결혼밖에 답이 없는 사회, 동거를 사회적으로 인정하지 않는 보수적인 한국 사회에서나 벌어지는 해프닝이다.

한국인들의 인생 GPS에 입력된 경로는 연애-결혼-자식이라는, 단

하나의 코스뿐이다. 너나없이 똑같다. 자로 잰 듯 획일적이고 정형화된 삶의 표준만 존재한다. 다들 제도 안에서만 살아 다른 삶을 상상해 본 적이 없다. 그저 다수가 옳다면 그러려니 하며 따른다. 자신이 그 제도에 어울리는 사람인지 아닌지, 제도가 자신에게 맞는지 아닌지 질문하는 사람도, 제도에 왜라고 의문을 품는 사람도 없다. 한술 더 떠 제도 밖의 삶은 전부 위험하고 불안하고 정상이 아니라고 믿는다.

대다수 한국인은 동거를 단순히 결혼 전 단계나 결혼 예행 시간 아니면 애들 불장난 정도로 여긴다. 수년을 같이 산 커플이 있어도 결혼식장 문턱을 넘지 않으면 방종하게 사는 무책임한 이기주의자로 대한다. 동거하다 헤어지면 여자만 손해다, 결혼이 아니라 동거니까 남자는 책임질 필요가 없다는 둥 손해, 이득 운운하면서 계산기를 두드리는 사람도 많다. 삶과 사랑을 이해득실로 환산하려 드는 천박한 속물근성이다. 그러나 결혼을 전제로 하지 않는 동거는 무책임하다는 생각이야말로 동거에 대한 뿌리 깊은 편견이자 고정관념이다. 동거 자체를 지속적이고 결속력이 있는 완성된 삶의 형태나 성인끼리 맺고 살아가는 다양한 관계 중 하나로 인식하지 못한다는 증거기 때문이다. 소개팅으로 만나 고작 몇 달 연애하고 후다닥 결혼해서 몇 년도 못 가이혼하는 결혼 커플과 수년을 동고동락한 동거 커플이 있다면 과연 어느 쪽이 더 사랑과 존중으로 이어져 있을까.

## 동거는 인간관계를 배우는 최적의 방법

성인이 되어 동거를 하면 무엇이 좋은가. 무엇이 달라지는가. 먼저 성적으로 독립한다. 더는 부모의 간섭을 받지 않고 남의 눈치도 보지 않고 마음껏 섹스를 할 수 있다. 자신이 성적 주체가 되지 못하는 삶을 산다면 결혼해서 합법적으로(?) 잠자리를 하고 아이를 낳은들 성이 뭔지 모른다. 섹스에 대한 꾸준한 연습과 경험 없이 어떻게 자신의 성적 욕망을 알 수 있겠나. 자신만의 공간이 생기면 섹슈얼리티를 마음껏 탐험할 수 있다. 부모에게 괜히 친구를 들먹이거나 출장 등 거짓말을 둘러댈 필요조차 없다.

둘째 경제적으로 독립한다. 결혼할 돈이 없어도 아파트를 장만하지 못해도 손에 쥔 돈으로 독립을 시작할 수 있다. 제 손으로 밥을 해 먹고, 설거지와 빨래, 청소를 하고, 각종 세금을 처리하면서 집안 살림을 해 나가는 법을 익힌다. 매순간 스스로 문제를 해결하고 스스로 돌봄노동을 하면서 자립하는 법을 배운다. 홀로 선다는 것은, 먹여 주고 재워 주고 먹고살 돈을 쥐여 주던 부모라는 존재와 안녕을 고하는 것이다. 혼자 살아 봐야 부모라는 절대적이고 편리한 존재가 가져다준 일상의 안락함을 깨닫게 된다. 타인에게 의존하는 삶이 얼마나 부박한지 절감할 때 그제야 비로소 독립하는 것이다.

마지막으로 정신적으로 독립한다. 사랑과 섹스 그리고 인간관계가 철저히 개인인 자신의 책임 아래 놓이기 때문이다. 더는 부모와 가족을 핑계 삼을 수 없으며 구차한 변명이 들어설 자리가 없다. 부모의 기대치와 요구에서 벗어날 때, 가족의 울타리를 깨고 나왔을 때에야, 드디어 자기 자신과 대면할 수 있다. 함께 사는 타인을 통해 자신이 누구인지를 돌아보게 되는 것이다.

물론 동거에 좋은 점만 있는 것은 아니다. 책임 없는 자유, 주체 없는 해방은 없다. 나와 다른 환경과 배경에서 자라 성격, 기질 등 뭣 하나 같은 것이 없는 타인과 일상을 공유한다는 것은 처음 사랑에 빠진 순간과는 차원이 다르다. 같이 산다는 것은 오해와 이해 사이를 왕복하며 끊임없이 타협하고 양보하는 것이다. 실망과 상처를 거듭하면서 서로에 대한 기대치를 줄여 가는 일이다. 사랑이라는 이름으로 '극복할 수 있다'와 도저히 '극복 불가능하다' 사이를 시계추처럼 반복하는 생활이다. 물론 이는 결혼해도 다 경험하는 것이다. 하지만 연습 없이 결혼하면 '완벽한 결혼'에 대한 기대와 환상을 품기 쉽다. 결혼할 수 있는 물질적 조건만 갖춰지면, 타인과 관계 맺고 사는 것도 저절로 완성되리라 믿는 사람들이 있다. 아무것도 배우지 않고 연습도 하지 않은 채 기-승-전을 생략하고 결혼으로 곧장 골인하는 것이다. 배운 적이 없는데 연습도 없이 실전에 투입되는 꼴이다. 이들은 그(그녀)와 결혼하는 것이 아니라 결혼 적령기라는 제도, 즉 '결혼'과 결혼한다.

그러나 같이 산다는 것은 그런 것이 아니다. 나의 일상과 서로의 현재를 공유한다는 것은 제도와 의식 이상의 것이다. 한 인간을 있는 그대로 제대로 이해하려면 24시간 같은 공간에서 살아 봐야 한다. 일명 '케미'라는 호르몬 콩깍지가 벗겨지면 사람은 평소 집에서 자신이 하던 대로 돌아가게 되어 있다. 그때가 되면 내가 함께 살고 있는 이 사람의 본모습이 보인다. 같이 맛있는 것 먹으러 다니고, 영화 보고, 여행 다닌다고 해서 상대를 다 알 수 없다. 데이트나 연애만 해서는 상대가 진정 어떤 사람인지 모른다. 연애를 할 때는 누구나 상대에게 자신의 가장 좋은 면만을 보여 주려 하기 때문이다. 수십 년을 다른 환경에서 자라고, 성격·기질·취향·습관마저 서로 다른 사람들이 한 공간에서 같이 생활을 한다는 것은 그런 상황들과 전혀 다르다. 한 집에서 같이 산다는 것은 자신의 일상을 남과 공유하는 것이다. 꾸미지 않은 날것의 자신을, 심지어 남에게 보여 주지 않았던 습관까지 낱낱이 타인에게 노출하는 일이다.

한 사람의 습관까지 즉, 개인의 진면목을 남김없이 파악하게 한다는 점에서 사실상 동거와 결혼은 차이가 없다. 다만 사회적, 법적 구속력이 막강한 결혼과 달리 동거는 상대의 가족과 집안이라는 배경이 방해물이 되지 않는다. 사회적, 법적으로 관계를 공식화해서 구속을 강제하는 결혼보다 동거가 훨씬 덜 부담스럽고 대가도 덜 치르게 한다고 생각한다. 관계에 대한 결속을 사회가 법적으로 강제하는 결혼에 비해 동거는 관계 유지에 오롯이 개인의 자발적인 책임만 요구하기 때문이다. 다르게 생각하면 가족과 타인의 간섭에서 자유로운 대신 어떤 선택을 하든지 전적으로 자신의 책임이라는 소리다.

남들 보란 듯이 결혼할 날만 목 빠지게 기다리다가 함께 살아 볼 기회를 놓쳐야 한다면 나는 차라리 동거를 하겠다. 내 선택이 바로 내 인생이라는 것, 부모의 기대치와 남들의 시선이 아니라 내 삶은 스스로 책임지고 살아야 한다는 것을 깨닫게 하고, 타인을 이해하고 일상을 영위하는 방법을 알게 해 주었다는 것만으로도 동거는 내게 충분히 가치 있었다. 서로 좋아서도 살아 보고, 돈 아끼려고도 살아 보고, 섹스를 하고 싶어서도 살아 보고, 이런저런 이유로 살아 봐야 비로소 밥벌이의 고달픔을 이해하고, 나와 남의 차이도 이해하고, 타인과 교감하고 소통하는 법도 배울 수 있다. 타인을 '나와 다르다'는 차원에서 이해하게 되고, 상대를 통해 오히려 내가 누구인가를 더 잘 알게 되었다는 점에서 나에게 동거는 인간관계를 배우는 최적의 방법이었다.


## 결혼 밖 사람들을 인정하는 흐름들

한국 사회는 말한다. 외롭지 않으려면 결혼해라. 결혼을 해야만 자식을 낳아도 인정해 준다. 가족이 필요하면 결혼해라. 결혼을 해야만 가족으로 인정해 준다. 이런 사회에서 동거 커플은 애라도 낳으면 정말 답이 없다. 미혼모부가 사회적으로 낙인찍히지 않고 제도적 혜택에서도 배제되지 않으려면 돈 없어서 결혼식은 못해도 최소한 혼인신고라도 해야 한다.

OECD 국가의 혼외 출산율이 평균 40퍼센트인데, 한국은 고작 2퍼센트이다. 이 나라에서는 오직 결혼한 부부만이 자식을 낳고 기를 권리와 자격이 있다. 저출산 때문에 큰일이라고 나라가 망할 듯 떠들어 대면서 정작 혼외 자녀는 철저하게 차별하고 배척한다. 혈연 가족보다 더 오래 같이 살고 있어도 결혼하지 않은 이들은 가족으로 인정받지 못한다. 결혼 제도 밖이라면 누가 애를 낳든 어떤 가족을 꾸리든 진짜 '가족'이 될 수 없는 것이다.

그러나 제도가 바뀌지 않는다면, 사람들 인식이 변하지 않는다면 앞으로 한국의 결혼율과 출산율은 점점 더 떨어질 것이다. 결혼한 남녀 부부와 가족만을 '정상가족'으로 고집하는 한 상황은 갈수록 더 나빠질 것이다. 결혼 제도만을 '정상'으로 인정하려는 낡은 고정관념 때문에 한국의 출산율은 더 바닥을 칠 것이다.

한국과 달리 독일과 프랑스에서는 몇 년 이상 장기적인 관계를 맺고 있는 동거 커플도 결혼한 부부처럼 사회보장서비스를 받는다. 프랑스는 1999년 결혼이라는 법적인 강제가 아니더라도 개인이 자유롭게 동거하고 아이를 낳아 기르는 데 차별받지 않도록 하는 팍스(PACS·시민연대계약)를 도입했다. 팍스로 맺어진 커플은 서류 한 장 제출하면 쉽게 갈라설 수 있다. 단, 자식이 있는 경우에는 헤어지더라도 두 사람이 법적으로 양육 의무를 진다. 한부모 가족이 되더라도 국가의 법적 보호를 받는다는 소리다. 프랑스의 출산율이 유럽 최고 수준으로 오른 데에는 느슨한 가족 결합까지 법적으로 보호하고, 가족의 개념을 확대한 팍스의 역할이 컸다. 프랑스에서 사회적으로 인정하는 가족은 결혼 가족을 비롯해 독신, 비혼, 이혼, 동거, 팍스 등 정말 다양하다. 어떤 삶의 형태를 선택하든 그것은 개인의 권리로 존중받는다. 한국처럼 미혼과 기혼의 구별이 없으니, 미혼모라는 말도 불필요하다. 새로운 형태의 가족도 제도적 권리를 누릴 수 있다.

스웨덴 등의 북유럽 국가에서는 혈연관계는 아니지만 사회적 관계로 맺어진 개인 여러 명이 함께 사는 공동 주거가 보편화되어 있다. 이들은 한 집에서 살면서 서로 돌본다. 혈연 가족을 대신하는 개인과 개인이 수평적으로 연결된 이웃 공동체인 셈이다. 스웨덴은 정부가 나서서 새로운 가족 공동체를 위한 대안적 공동 주택을 실험 중이다. 각자에게 분리된 개인 공간을 제공해 사생활을 보장하는 동시에 입주자들이 전부 연결될 수 있는 공동 공간을 둔 주택을 짓고 있다. 이곳에 나이와 세대, 성별이 다른 이들을 고르게 입주시켜서 세대 간 차이와 간극을 좁히고, 서로의 경험과 지식을 나눌 수 있도록 공간과 동선도 세심하게 설계하려고 한다. 이뿐만 아니라 유럽 국가들은 기존 가족의 개념을 확장해 혈연, 결혼 가족이 아니더라도 현실적으로 존재하는 다양한 가족 형태를 법 안으로 수용했다. 예를 들어 노인과 청년, 한 가족과 노인, 여성과 여성, 남성과 남성, 여성과 아이, 남성과 아이 등을 사회적으로 인정하고 법적으로 보호한다.


## 생활동반자법은 '돌봄' 문제를 푸는
## 가장 적절한 해법

대한민국에도 프랑스의 팍스와 비슷한 법안 제정 움직임이 있었다. 2014년 19대 국회에서 진선미 의원이 '생활동반자법'을 꺼냈다. '생활동반자 관계'는 두 성인이 같이 살며 서로 돌보자고 약속한 관계를 의미한다. 생활동반자 관계를 맺은 사람이 국가에 등록하면, 함께 살아가는 데 필요한 사회복지 혜택 등 권리를 보장해 주고 둘 사이의 분쟁도 합리적으로 해결할 수 있도록 해 주자는 법이었다. 하지만 이 법안은 발의도 못하고 보수적인 여론의 뭇매를 맞았다. 오히려 이 법안을 추진한 진선미 의원이 20년간 동거 커플로 살았던 자신의 삶을 송두리째 부정당하고, 울며 겨자 먹듯이 혼인신고를 해야만 했다.

한국 사회의 주류는 여전히 과거 지향적인 정상가족 신화에 목매는 이들이다. 정책을 입안하고 실행할 권력을 쥔 이들은 자신이 살아왔던 과거 20세기 삶의 방식으로 미래를 규정 짓고 젊은 세대에게 강요하기만 한다. 자신이 살아온 세상은 이미 낡아 빠진, 구시대의 유물이 되어 버렸다는 사실을 직시하지도 인정하지도 못한다. 한국은 경제 규모와 IT 기술에서는 최첨단을 달리고 있지만, 문화와 사회 제도 면에서는 버퍼링 상태가 심각하다. 제도가 사람들의 실제 삶을 따라잡지 못하는 형국이다.

그러나 1인 가구와 비혼이 주류가 될 미래에 생활동반자는 중요해질 수밖에 없다. 혼자 살든 같이 살든 간에 사람이라면 누구나 돌봄이라는 안전망이 반드시 필요하기 때문이다. 따라서 비혼, 동거 등 돌봄을 나눌 수 있는 관계가 부부와 동일한 의미의 동반자 관계로 존중받아야 한다. 가족이, 특히 여성이 전담하던 돌봄의 의미를 확대해 다양한 형태의 가족이 서로 돌봄을 책임질 수 있도록 전환해야 한다. 그런 의미에서 생활동반자법은 결혼이 가족 형태의 전부가 아니라 일부가 될 앞으로의 세상에서 돌봄 문제를 해결할 가장 적절한 해법이다.

기성세대와 주류가 반대하든 말든 한국 사회 안에서 변화는 벌써 시작되었다. 하나의 가족 형태만 존재하던 세상은 갔다. 동거와 연속적 일부일처제(일정 기간마다 배우자를 바꾸는 결혼 형태) 또는 아무 조건 없이 성적 결합을 목적으로 하는 관계 등 다양한 동반자 관계가 만들어지는 세상이 온다. 어쩌면 이미 우리 삶 속에 들어와 있는지도 모른다. 아무리 막으려 해도 막을 수 없는 시대의 흐름이다.

## 남자들에게 살림 비법 전수하기

90년대에는 핀란드, 스웨덴 같은 북유럽 국가의 자살률이 세계 상위권을 이루었다. 그때만 해도 선진 복지국가도 별수 없나 보다, 풍요 속의 빈곤이라며 한국 사회는 우쭐했다. 같은 동아시아권 일본의 자살률이 상위를 달릴 때도 한국은 강 건너 불 보듯 했다. 그런데 웬걸, 한국에서도 IMF 사태 이후 자살률이 가파르게 오르기 시작했다. 극단적인 신자유주의 사회로 재편된 이래 20여 년간 한국의 자살률은 수직 상승해 마침내 세계 1위에까지 올랐다. 특히 닫힌 문 뒤에서, 원룸에서, 죽은 뒤 발견되는 1인 가구의 고독사는 이제 거의 일상의 풍경이 되어 버렸다. 사실 이는 고독사가 아니라 '고립사'다. 스스로 원한 고독 속에서 선택한 개인의 죽음이 아니라 관계 단절로 생긴 고립이 만들어 낸 사회적 죽음이기 때문이다. 혼자 살아서 죽는 게 아니라 소외당해서 죽는 것이다. 실업과 빈곤이 계속되고 사회적 관계망이 단절된 상태에서 초래된 사회적 죽음이다.

처음 고독사는 노년층의 문제라는 인식이 강했다. 가족이 해체되어 스스로를 돌봐야 하는 홀몸 노인들의 문제로만 여긴 것이다. 하지만 다양한 연령대에서 비자발적 1인 가구가 급증하면서 이제는 오히려 청년과 중·장년층에서 고독사가 급증하고 있다. 취업 때문에 타 도시에서 혼자 사는 20~30대, 경제적 불안과 가족의 해체를 경험한 40~50대, 만성적 빈곤에 시달리는 60대 이상의 노년층이 여기에 해당한다. 그나마 노년층은 국가가 고독사를 막기 위해 실제적이고 다양한 제도와 대책을 마련하고 있다. 문제는 바로 그 때문에 전 연령대에서 증가하는 고독사를 예방할 수 없다는 것이다.

한국 사회는 청년과 중년의 고독에 지나치게 무관심하다. 노인이 아닌 대다수의 1인 가구는 고독사 관련 정책에서조차 철저히 소외되어 있다. 도시에 이토록 많은 사람이 살고 있지만 어느 누구에게도 보호받지 못하고 소리 없이 사라지는 사람들이 있다는 사실을 떠올리면 불현듯 두렵다. 보통 나이를 먹어 갈수록 혼자 살기가 더 어려워진다. 병들고 아플 확률이 높아지기 때문이다. 비혼 1인 가구나 2, 30대 청년 세대가 혼자 될 노년을 불안해하는 이유이다. '혼자'이기 때문에, 아직은 아프지 않고 지금은 일을 하고 있어도 오지 않은 그 먼 미래를 지금부터 두려워하고 있는 것이다.

## 통계에서 배제되는 사람들

원룸에서 홀로 사망한 다양한 연령대의 남성들이 연일 뉴스에 나온다. 희한하게도 고독사의 대상으로 더 자주, 많이 언급되는 사람은 거의 남성이다. 남성들의 고독사는 실직, 빈곤 또는 이혼으로 인한 가족 해체가 원인이라고 분석한 기사가 줄을 잇는다. '무너져 버린 가족이 문제다'는 소리만 앵무새처럼 늘어놓는다. 독거노인이든, 1인 가구 청년이든, 이혼한 중년이든 원인은 한결같이 '가족 해체'란다. 현실은 가족이 있어도 제각각 따로 사는 상황인데, 온 가족이 모여 살던 '그때가 좋았지'라며 손 놓고 있다. 변화한 시대의 사회 구조적 문제임을 인식하고, 새로운 가족 형태를 모색할 생각은커녕 해체되어 복구할 수 없는 철 지난 과거의 대가족, 핵가족 타령만 하고 있는 것이다.

2016년 서울시복지재단이 발표한 통계에 따르면, 고독사 비율은 남성이 85퍼센트로 여성 13퍼센트보다 월등히 높았다. 연령별로는 4, 50대가 56.8퍼센트로 가장 높았다. 그런데 아이러니하게도 실제 한국의 1인 가구 과반이 여성이고, 연령이 높아질수록 빈곤선에서 살아가는 1인 가구 수 또한 여성이 남성보다 압도적으로 많다. 여성 노동자는 계약직, 임시직 또는 프리랜서 등 비정규직으로 일하며, 경제적 불황이 닥치면 남성보다 더 쉽게 해고된다. 즉 여성 대다수가 경제적 위기에 취약하고 사회 안전망의 사각지대에 놓여 있다. 세대와 연령을 막론하고 모든 여성의 빈곤율은 남성의 배가 넘는다.

그런데도 여성의 죽음은 남성만큼 사회적인 조명을 받지 못한다.

청년 실업 대책이든, 독거노인 복지든, 고독사 방지 대책이든 뭐든 간에 대부분의 정책이 남성 일반을 기준으로 하기 때문이다. 실직한 여성이, 이혼한 여성이, 빈곤한 여성 독거노인이 홀로 죽었다는 기사는 좀처럼 찾아보기 어렵다. 비혼 여성은 '화려한 싱글' 따위의 광고에나 이용될 뿐 현실 속 진짜 여성들의 삶은 조명되지도 공론화되지도 않는다. 그런데 여성들은 남성보다 더 위험하고, 열악하고, 가난하게 사는데도 상대적으로 남성보다 고독사가 더 적다. 왜일까. 조사 대상으로 거론되지도 못하고 외면당하기 때문일까 아니면 또 다른 이유가 있는 것일까.

## 여성의 고독사가 적은 이유

작년에 일 때문에 여성들만 모인 자리에 갈 일이 있었다. 이십대부터 사십대, 오십대까지 골고루 섞인 자리였다. 1박 2일 행사라, 저녁과 아침을 숙소에서 해 먹었다. 저녁 메뉴는 바비큐였다. 그릴에 고기를 굽는 사람, 상 차리는 사람, 구운 고기와 반찬을 손이 닿지 않는 사람에게 건네주는 사람까지 서로 손발이 착착 맞았다. 일할 때도 밥을 먹을 때도 화기애애했다. 웃고 떠들고 이야기도 물 흐르듯이 이어졌다. 아침이 되자 또 너도나도 아침을 차리겠다며 나섰다. 한 사람은 쌀을 씻고 다른 한 명은 찌개를 끓였다. 누구는 밥상에 그릇과 수저를 놓았고, 누구는 식사 후 후식으로 마실 커피를 탔다. 다들 먼저 나서서 뒷정리를 했다.

서열이나 위아래를 따지고 명령하는 사람도 없었다. 누가 시키지 않았는데도 저마다 자신이 할 수 있는 일을 하고 있었다. 어제는 이 사람이 했으면 오늘은 다른 사람이 그 일을 했다. 한 사람이 식재료를 손질하면 다른 사람은 요리를 하고 또 다른 사람은 옆에서 거들었다. 밥상을 치울 때도 제가 먹은 그릇을 치우고 여럿이 설거지를 같이했다. 다 같이 일하니 준비도, 정리도 눈 깜짝할 사이에 끝났다. 세대와 연령, 배경이 전부 다른 여성들이 함께 요리하고 밥 먹고 치우는 광경은 조화 그 자체였다. 마치 각기 다른 악기가 한데 어우러져 멋진 화음을 이루어 내는 오케스트라 같았다. 하나의 몸짓에서 다른 몸짓으로 물 흐르듯이 이어지는 우아한 춤 같았다. 아름다웠다. 여성들은 이렇게 서로 나누고 돕는 것이 몸에 배어 있다. 자기를 돌보고 남을 돌보고 같이 나누는 즐거움을 알고 있다. 여성들끼리 있으면 자연스럽게 돌봄이 행해진다. 일상이 화평하다.

나는 여기서 여성이 상대적으로 남성보다 고독사할 확률이 낮은 이유, 그 물음에 대한 단초를 얻었다. 돈이 많아서도, 자신을 지키고 돌봐 줄 가족이 있어서도, 운이 좋아서도 아니다. 가난한 독거노인일지라도 여성은 자신과 남을 돌볼 줄 안다. 주어진 현실에 적응하고 감수할 줄 안다. 대체로 여성은 나이 들수록 자신에게 주어진 삶을 겸허히 받아들이고 욕심을 내려놓는 법을 배운다. 남에게 도움받는 것을 부끄러워하지 않고 어려움에 처한 이에게 공감하며 작은 것이라도 기꺼이 베푼다. 없으면 없는 대로 작은 먹을거리라도 나눈다.

뭣보다 여자들은 자라면서 좋든 싫든 제 살림을 해 나가는 법을 익힌다. 그래서 서로 모이면 누가 먼저랄 것도 없이 나서서 척척 빈 구석을 메우는 것이다. 때로 남의 살림에 이런저런 참견을 해서 성가신 일을 만드는 여성은 있어도, 손가락 하나 까딱하지 않아서 문제를 일으키는 여성은 거의 없다.

만일 여성들 모임에 살림과 남을 돌보는 일에 서툰 남성이 낀다면 어떤 일이 벌어질까. 어찌할 바를 몰라 가만히 손 놓고 있거나 밥상이 차려질 때까지 소파에 앉아 TV를 보고 있지 않을까. 심한 경우엔 아무 문제의식 없이 여성이 해 주는 걸 당연시하며 앉아 있지 않았을까 싶다. 그래선지 여자들이 모인 자리에 남자가 끼면 상전이 따로 없다. 도대체 뭐 하나 제대로 할 줄 모르는 무능의 아이콘이 참 많다.

## '돌봄'을 배운 적 없는 남성들

남성들 중에서 유독 일상 '무능'자, 생활 '불능'자가 많은 이유는 성역할에 대한 고정관념 때문이다. 집에서는 여전히 여자(엄마, 아내, 딸)가 가사노동과 돌봄노동을 전담한다. 남자(아빠, 남편, 아들)는 여자가 차려 주는 밥상을 받아먹는다.

그런데 수도원 같은 곳에선 남자끼리 사니 당연히 남자가 부엌일부터 갖은 살림살이를 다 한다. 남자끼리 있으면 누구나 한다. 요리나 살림을 '못'한다는 남성은 '안' 함으로써 다른 이를 착취하고 있다는 사실을 은폐한다. 남자라서 '못'하는 게 아니라 남자니까 '안' 하는 것이다. 혼자서는 잘하던 남자가 여자만 있으면 안 한다는 것은 그가 남성 우월주의와 성별 고정관념에 물들었다는 것을 셀프인증하는 것이다.

대다수 한국 남성은 돌봄노동을 자신의 생애 과업으로 여기지 않는다. 남자란 결혼 후 돈만 잘 벌어다 주면 되고, 살림은 여자가 도맡아야 한다는 고정된 성역할을 주입받고 자랐기 때문이다. 남성에게 생활력이란 돈을 버는 능력을 의미했지, 일상을 꾸려 가는 능력이 아니었다. "남자가 부엌에 들어오면 고추 떨어진다"로 대변되는 성별 노동 분업 탓에 한국 남성은 일상에서 철저히 무능력한 존재로 전락했다. 어려서부터 여성들의 돌봄과 보살핌만 받다가 살림에 무능해진 남성들은 나이 먹고 노인이 되어도 '철들지 않은 아들'이 되었다. 반면 여성들은 돌봄에 시달리다 정작 자신은 돌보지 못해 소진된다.

한국의 40대 이상 남성들은 스스로 살림하는 능력, 즉 생활력을 배운 적이 없는 세대다. 가정과 사회, 그 어디에서도 돌봄을 받기만 했지 돌봄을 배운 적이 없다. 그렇다 보니 돈이 있든 없든, 가족이나 친구가 있든 없든, '독거'노인을 자청하는 듯하다. 남성들은 직장과 직위를 통해서만 사회적 관계를 맺어 실직하면 곧바로 인간관계가 끊어지고, 심하면 가족과도 멀어지는 경우가 많다. 게다가 경제적인 것을 책임지는 가장이라는 존재로만 인식되다 보니, 정작 어려움을 겪어도 남에게 쉽게 도움을 청하지도 못한다. 가정과 결혼이라는 테두리에서 여성에게 전일적인 돌봄을 받는 것이 습관처럼 몸에 배어 있어, 중년 이후 챙겨 주는 사람이 없으면 낙동강 오리알 신세로 전락해 사회적 고립의 길을 자초하는 것이다.

애초부터 그랬던 것은 아니다. 남성 자신의 탓도 아니다. 어릴 적부터 남성 우월적인 가부장 교육을 받고 자라서다. 친절은 여자나 베푸는 것, 공감은 여자나 하는 것, 돌봄은 여자에게 받는 것으로 여기고 살아서다. 한국 남성들은 "남자니까 울면 안 된다", "남자는 약한 모습을 보이면 안 된다" 등의 남성다움을 강요받고, "집안일은 계집애나 하는 짓"이라며 살림을 하찮게 여기라고 배웠다. 어릴 때는 엄마가, 결혼 후에는 아내가 돌봄을 전담하기에 살림에 털끝만큼도 신경 쓰지 않고 살았다. 남자는 남자다우면 끝, 돈 버는 데 올인, 출세하면 그걸로 끝이라 주입받았다. 지금껏 남자다움을 인간다움으로 착각하면서 살았다.

하지만 남성의 타고난 본성이라 믿는 그 '남자다움'은 실상 만들어진 것이다. 가부장제가 남성들에게 주입하는 '남성성'일 뿐이다. 남에게 친절을 베풀기보다 남과 싸워 무조건 이겨야 한다고 세뇌당한 결과, 한국 남성들은 무시당하지 않으려고 무례해졌다. 남자라는 자존심 때문에 타인에게 도움을 요청하지 못하고 소외되고 고립되었다. 자신을 챙기는 돌봄을 배우지 못해 타인(여성)의 손길이 없이는 아무것도 못하는 존재가 되었다. 남성들끼리의 세계에서 피 터지게 경쟁하며 산 결과 돈과 성공과 명예는 얻었을지언정 일상을 영위하고 자립할 수 있는 생활력은 잃었다. 자리와 감투는 밥 한 끼 스스로 해 먹을 능력을 길러 주지 못한다. 이 얼마나 쓸모없는 것인가. 남의 시중을 받아야만 유지되는 속 빈 강정 같은, 타인의 돌봄 없이는 생존력이 바닥나는 허깨비 같은 삶이다. 그런 의미에서 성별 노동 분업의 최종적인 희생자는 남성이 아닐까 싶기도 하다.

## 국영수보다 중요한 내 밥 짓는 법

스물이든 서른이든 마흔이든 쉰이든 스스로 집안일을 할 줄 모르는 사람은 어른이 아니다. 부모에게서 독립을 하고 나이를 먹었더라도 여전히 엄마의 손길이 필요한 의존적인 어린애에 불과하다. 엄마가 해 준 밥이 그립다며 집밥 먹고 싶다고 투정하는 사람들을 보면 적이 한심하다. 집밥은 엄마 밥이 아니라 집에서 스스로 해 먹는 밥이다. 특히 엄마가 챙겨 주는 것을 고스란히 받아먹던 버릇을 나이 먹고도 버리지 못한 남성을 나는 성인이라 여기지 않는다. 이런 사람들은 솔직히 가까이 하기도 싫다. 성인이 되었어도 제 엄마의 등골을 빼먹는 사람들이 자립심과 독립심이 있을 턱이 없고 남을 배려할 리가 만무하기 때문이다.

한국 부모는 자식들에게 이렇게 가르친다.

"공부하느라 시간도 없고 피곤하니까 넌 무조건 공부만 잘해. 엄마가 설거지, 빨래, 청소, 요리 뭐든 다 해 줄 테니까."

자식을 귀하게 기르라는 말이 자식을 상전으로 모시라는 소리는 아닐 것이다. 할 줄 아는 게 받아먹는 것밖에 없는 철부지로, 무능한 어른으로 키우라는 것도 아닐 것이다. 고등학교 다닐 때는 허구한 날 국영수 달달 외우느라, 대학 가서는 과제물 리포트 쓰느라, 졸업 후에는 취업·고시 준비하느라 제 밥을 해 먹을 줄 모르는 반푼이들을 양산한다면 그게 다 무슨 소용인가. 공부 잘하고 돈 잘 버는 능력보다 밥, 요리, 빨래하기 등 살림하는 능력, 즉 생활력이 먼저다. 책상머리에서 암기한 수험서 내용 따위가 실생활 어디에 소용이 있을까. 돈 없으면 아무것도 할 수 없는 일상 불능자로 가는 지름길이다. 이 모양이니 나이 먹고도 엄마 타령을 하는 것이다. 부모 품에서 얌전히 살다가 결혼으로 독립한 커플 중에는 각자의 엄마를 불러내며 싸워 대는 이들도 있다. 한쪽은 엄마처럼 살지 않겠다며 화를 내고, 한쪽은 엄마가 필요하다며 징징대는 것이다.

이래서 밥상머리 교육이 학교와 사회 교육보다 먼저 있어야 한다. 학교에서도 스스로 밥해 먹고 살림하는 법을 교육 과정에 넣어 가르쳐야 한다. 가정과 학교는 어릴 적부터 무의식적으로 보고 배우는 삶의 현장이기 때문이다. 앞으로 남녀노소 할 것 없이 홀로 살 준비를 해야 하는 시대가 온다. 혼자서도 잘 살고, 같이도 잘 살기 위해서 누구나 살림에 유능해야 한다. 돌봄노동에 성별의 차이를 두어서는 안 된다. 1인 가구로 살아갈수록, 비혼일수록 성별과 세대를 불문하고 살림을 배우고 연습해야 한다. 1인 가구와 비혼이 대세인 21세기에 생활력은 남녀 누구나 갖추어야 할 일상의 기술이다. 자생력의 기본값이다.

## 살림 못하는 남자는 도태된다

사람은 태어나서 죽을 때까지 누군가의 돌봄 속에서 살아간다. 어려서는 부모의 돌봄을 받고 성인이 되면 자신이 자신을 돌보고 남도 돌본다. 그러다 늙고 아프고 병들면 또다시 타인의 돌봄을 받아야 한다. 사고를 당하거나 병에 걸렸을 때도 마찬가지다. 사람은 돌봄을 주고받으며 살아야 하는 존재다. 어느 누구도 혼자서는 살 수 없다. 관계를 맺고 살아야 한다. 함께 살아가기 위해서 가장 필요한 것은, 스스로 일상을 꾸릴 줄 아는 살림 능력과 자신만이 아니라 남도 돌볼수 있는 돌봄 능력이다. 배우자, 동반자에게도 꼭 필요한 능력이다. 함께하면 일손이 늘어나는 만큼 혼자 떠맡아야 할 일감이 줄어든다. 당연히 수고도 줄어든다. 더는 고생이 아니다. 같이하면 나만 희생하는것이 아니라 공생한다는 느낌이 강해진다.

돌봄의 핵심인 '살림'이란 말은 '살리다'에서 왔다. 먹고, 먹이고, 자고, 재우고, 씻고, 씻기고, 닦고, 치우고, 돌보는 일이 바로 생명을 '살리는' 일이다. 우리 삶의 기본이자 생활의 중추다. 일상을 유지하기 위해서 가장 필요한 과업이다. 사람과 삶을 살리는 노동이 바로 살림인셈이다. 살림 즉 가사는 성인이라면 누구나 의식주를 영위하기 위해날마다 지속해야 하는 기본 노동이요, 귀찮다고 안 하고 미룰 수 없는 일상 노동이다. 그러므로 생존을 위해 필수불가결한 노동에 성별과 젠더의 차이가 있을 수 없다. 가사와 돌봄노동은 더는 여성들만의전유물이 아니다. 여성이 집안일 같은 그림자 노동을 무노동으로 전담하던 시절은 갔다. "남편이 오래 누워 있으면 아내가 골병들고, 아내가 오래 누워 있으면 남편이 바람난다" 따위의 말로 자조하던 차별적인 세상은 이제 끝내야 한다.

여성들도 변해야 한다. 가정부, 파출부, 비서, 매니저 노릇을 여자의 본분으로 당연시하는 여성이 아직도 많다. 스물, 서른 넘은 아들을 옆에 끼고 매일 밥상을 차려 주고 하나부터 열까지 남편의 뒤치다꺼리를 하는 여자들을 볼 때마다 깜짝깜짝 놀란다. 언제까지 남편과 자식의 '밥상 지킴이'가 될 것인가. 정신 차리라고 말해 주고 싶다. 밥상 차리는 일은 여자만의 노동이 아니라는 것을 여성들이 먼저 자각해야 한다. 앞으로 제 밥상도 못 차리는 남성과 살아 줄 여성은 없다. 어머니들은 자신의 행위가 장차 아들을 혼자 살아갈 능력이 전무하여 도태할 존재로 만드는 데 일조하는 것임을 깨달아야 한다.

한편 남성들은 살림하는 법을 배워서 생활력을 길러야 한다. 남자들은 엄마 대신 밥상 차려 줄 여자를 기대하며 결혼으로 골인할 생각을 버려야 한다. 스스로 살림을 배우는 대신에 살림해 줄 여자를 찾는 꼼수를 쓰거나 살아 주지 않는 여자 탓이나 하는 건 비겁하고 치졸하다. 남자의 앓는 소리에 마음이 쓰여 밥상을 차려 줄 여자가 있으리라 기대한다면 크게 착각하고 있는 것이다. 혼자 밥도 해 먹을 줄 몰라 편의점 도시락과 외식으로 일관한다는 말을 스스럼없이 떠벌리는 남자들을 보면 '안됐다'는 마음이 들기보다 '꼴불견'이란 생각이 먼저 든다.

살림은 남을 이겨 먹거나 타인 위에 군림하거나 주식 투자를 잘하는 것보다 더 중요한 삶의 기술이다. 앞으로 살림과 돌봄노동에 무능한 남성들은 도태될 것이다. 뼈를 깎는 노력으로 살림을 배우고 연습하지 않는 남성들의 미래는 밝지 않다. 어릴 적부터 몸에 살림을 체화하지 못한 남성들은 더 의식적으로 노력해야 한다. 21세기에 누군가와 같이 살 능력의 기본 조건은 생활력이다. 미래에는 스스로 살림할 줄 알고 남을 돌볼 줄 아는 남성만이 여성과 함께 살 가치가 있다.

# 서로 '늙음'을 돕자

몇 달 동안 집을 비운 적이 있다. 떠나기 전 냉장고를 다 비워 놓았다. 집에 돌아오니 당장 먹을 게 하나도 없었다. 내 사정을 알게 된 친구가 족히 1킬로그램은 될 쌀 한 봉지를 먹으라고 주었다. 또 다른 친구는 김장김치를 한 아름 안겨 주었다. 고마웠다. 그들에게 내가 '할 수 있는' 방식으로 돌려줘야겠다고 생각했다.

과거 나는 남에게 부탁을 잘하지 못했다. 돈이 없다는 소리도, 도와 달라는 말도 못 꺼냈다. 내가 남을 도울 수는 있어도 남의 도움을 받는 건 죽기보다 싫었다. 그래서 앓는 소리를 하느니 혼자 어떡하든 버텨 내겠다는 마음이 더 컸다. 그러다 문득 그것이 당당한 자존감이 아니라 허약한 자존심이라는 것을 깨달았다. 자신이 책임질 수 없는 것을 책임지겠다고 애를 쓰는 것도, 타인의 도움을 받지 않겠다고 버티는 것도, 쓸데없는 자존심이자 고집일 뿐이다.

몇 해 전, 다른 동네에서 알고 지내던 친구가 우리 동네로 이사를 왔다. 작년에는 지인이 바로 아랫집에 보금자리를 꾸렸다. 다들 엎어지면 코 닿을 지척에 살아 자연스레 일상을 공유하게 되었다. 1인 가구로 살다 보면 장 볼 때나 음식을 할 때 양 조절이 쉽지 않을 때가 많다. 그런데 지인들이 주변에 살게 되면서 이런 고민이 줄어들었다. 장 본 것을 친구와 반으로 나누었고, 음식이나 안 쓰는 물건도 서로 주거니 받거니 하게 된 것이다. 이웃이 있으니 아껴 쓰고 나눠 쓰고 바꿔 쓰고 다시 쓰는 '아나바다'가 일상이 되었다.

지난 해 뜻밖의 사고를 당해 경황없이 입원한 적이 있었다. 옷가지도 변변히 챙기질 못했는데, 입원해 있는 동안 동네 벗들에게 이런저런 도움을 받았다. 한 친구는 집에 들러 세면도구와 속옷을 챙겨다 주었고, 한 지인은 생활용품과 먹을거리를 사 들고 왔다. 몸살이 났거나 위장장애로 고생했을 때에도 수시로 친구들의 도움을 받았다. 요리사인 지인이 부탁한 일을 한 번 도와준 적이 있다. 내가 병이 났을 때 감사하게도 그가 끼니를 챙겨 주었다. 이웃사촌이라는 말을 절감한 순간이었다. 아프거나 사고가 나거나 문제가 생겼을 때 1인 가구는 혼자서 대처하기 어려운 경우가 종종 있다. 이럴 때 친구와 지인이 이웃하며 산다는 게 얼마나 든든한지 모른다.

현대 사회는 가족이 있어도 같은 집에 살지 않은 한 도움이나 돌봄을 받기 어렵다. 피를 나눈 가족이 남인 친구보다 더 멀게 느껴질 때도 많다. 멀리 사는 가족보다 오히려 가까이 사는 친구들과 일상을 더 많이 공유한다. 나를 있는 그대로 받아들여 주는 벗이, 바로 옆에 이웃처럼 사는 친구가 가족보다 더 편하게 느껴진다. 비혼일수록, 1인 가구일수록, 동반자가 없을수록 일상적으로 도움을 주고받는 벗들이 곁에 있어야 한다. 생활을 스스럼없이 공유하는 친구들이 있어야 한다. 각자의 독립적인 사생활을 존중하면서도 유사시에 서로 돌봐 주고 의지할 수 있는 관계야말로 비혼인에게는 가장 필수적인 생활동반자다.

## 다양한 비혼의 풍경

주변의 비혼 여성들을 보면 저마다 사는 모습이 다르다. 연령도 30대, 40대, 50대로 다양하다. 비혼 친구들은 서울에도, 다른 지역에도, 도시에도, 농촌에도 산다. 전국 각지에 흩어져 살고 있다. 사는 집의 형태도 제각각이다. 단독 주택도 있고 연립 주택이나 원룸, 빌라도 있으며 임대아파트 또는 농가 주택도 있다. 나처럼 혼자 사는 1인 가구가 대부분이지만 공동 주거에서 사는 친구들도 있다. 동거 커플도 있고, 모르는 사람들 여럿과 함께 사는 이도 있다.

프리랜서로 일하는 친구는 몇 년 전 드디어 부모 집에서 나와 독립했다. 주택 청약에 당첨되어 임대아파트에 입주한 것이다. 안전을 최우선으로 하는 그에게 아파트라는 공간은 쾌적한 환경을 제공해 주었을 뿐만 아니라 상대적으로 싼 월세로 생활비 부담도 크게 덜어 주었다. 외부 일정이 없으면 그는 집에서 쉬거나 요리를 하거나 산책을 즐기며 조용히 하루를 보낸다. 그가 사는 아파트에는 비혼주의를 표방하는 비슷한 또래의 여성이 여러 명 살고 있다. 친구는 그들과 정보를 교환하고 소통하면서 잘 지내고 있다.

마당 있는 농가 주택(구옥)에서 반려묘와 사는 비혼 친구도 있다. 그는 평일에는 출퇴근하는 비정규직 노동자이지만 주말에는 캠핑을 즐기는 노숙 여행자로 변신한다. 시간 날 때마다 주위의 비혼 친구들과 등산을 하거나 홀로 야영을 떠난다. 텐트와 침낭을 차곡차곡 올려 쌓은 배낭을 어깨에 메고 전국 팔도의 산과 들을 찾는다. 가끔 SNS에 그가 올린 사진을 들여다본다. 어느 산자락 야외에서 여자 친구들과 바비큐를 해 먹고 텐트 앞에 옹기종기 모여 앉아 커피와 술잔을 나누는 모습이다. 친구는 밥벌이의 지겨움을 방랑의 즐거움으로 바꿀 줄 아는 캠핑의 달인이다.

근래 알게 된 지인은 도시에서 태어나 살다 몇 년 전 혼자 귀촌을 했다. 그는 농부학교를 졸업한 새내기 청년농부이자 아이들을 가르치는 선생이기도 하다. 현재 같은 일을 하는 동료와 함께 산다. 방 두 칸짜리 일자 형식의 허름한 농가에 세 들어 사는데, 집 안에는 두 사람의 손길이 거치지 않은 데가 없다. 앞마당에는 온갖 들풀과 꽃을 심었고, 부엌에는 아름드리나무가 보이게 작은 창을 내 놓았다. 생태를 중시하는 두 사람의 마음을 담아 왕겨 등을 이용한 친환경 화장실도 만들었다. 두 여자의 개성이 가득한 집이다. 이들은 도시의 편리함을 포기한 대신 날마다 자연의 품속에서 살아간다.

또 다른 친구는 방 두 개짜리 집에서 동거인과 함께 산다. 보증금은 친구가 냈고, 방 한 칸을 빌려 쓰는 동거인과 월세를 나누어 낸다. 이 둘은 애인도 아는 사이도 아니다. 말 그대로 그냥 동거인, '하우스 메이트'다. 그는 이십대에 독립한 이래 수년째 이런 방식으로 살고 있다. 그래서 짧게는 1년, 길게는 몇 년에 한 번씩 동거인이 바뀐다. 지금의 하우스 메이트는 같이 산 지 5년이 넘었다. 따로 사는 부모와 형제자매보다 동거인과 더 가깝게 지내는 셈이다.

한 지인은 공동 주거 형식의 주택에 입주했다. 각 층마다 각자의 개인 공간은 있되 주방을 공유하는 집이다. 배경이 서로 다른 낯선 이들이 한 집에 모여 사는 것인데, 각자의 사생활을 존중하는 선에서 적당히 안면을 트고 생활한다. 가구원은 1인 가구도 있지만 커플이 사는 2인 가구도 있다. 각 세대주로서 권리를 행사해야 할 때나 공동으로 처리할 문제 혹은 안건이 생기면 입주민들이 모인다. 평상시에는 서로 바빠 신경 쓸 겨를이 없지만 연말에는 모두 모여 파티도 연다. 오다가다 마주치는 이웃들과 주방에서 먹고 마시면서 이야기를 나눈다. 지인은 남남인 사람들과 한 지붕 아래서 따로 또 같이 사는 법을 터득해 가고 있는 중이다.

낯선 타인과 집을 나눠 쓰고 공동생활을 하는 '셰어하우스'를 낭만적으로 생각하는 이들도 있다. 하지만 생각만큼 쉬운 일이 아니다. 현대인은 개인의 사생활을 무엇보다 중시한다. 집이나 방을 같이 쓰거나 한 공간에 여러 사람이 모여 일상을 공유하는 생활은 어쩔 수 없이 크고 작은 마찰을 빚을 수밖에 없다. 같이 살다 보면 가족 간에도 불만이 쌓이고 친한 친구 사이라도 갈등이 생기는데 생판 모르는 타인은 말해 무엇 하랴. 특히 한국처럼 집단주의 성향이 강하고 남의 시선에 영향을 받는 사회에서는 남이라도 적당히 선을 긋기 어렵고, 남이라서 더 신경 쓰인다. 성별과 연령이 다른 이들이 같이 살 경우에는 서열과 나이로 은연중에 신경전을 벌이거나 상처받을 일이 생기기도 한다. 개인적 거리에 대한 기본적인 존중과 거리 감각이 몸에 배지 않은 사람과 살 경우에는 되레 스트레스를 더 주고받기 쉽다.

타인과 동거하고 교류하는 삶의 핵심은 자신의 사생활을 침해받지 않으면서 동시에 남의 사생활도 존중하는 것이다. 성격과 취향, 생활습관이 판이하게 다른 사람들이 한 공간에 모여 사는 거주 형태일수록 개인 영역에 대한 존중과 타인에 대한 예의가 아주 중요해진다. 관계 단절로 소외되지 않으면서도 타인과 관계 맺고 소통하는 사회적 욕구를 충족시키고 서로 돌봄이 가능한 충만한 삶을 꾸리고자 할 때 가장 필요한 능력이다. 사생활 존중과 적절한 거리 두기. 비혼인들의 공동생활이 늘어나는 시대에 우리 모두에게 요구되는 삶의 자세가 아닐까.

## 타인과 사는 아주 많은 방식

십대와 이십대에는 부모 형제 또는 애인과 살았고 삼십대는 파트너와 동거했고 사십대는 온전히 홀로 보냈다. 중년을 홀로 살고 있는 요즘은 어떤 노년을 보내야 할지 이런저런 고민이 많다. 친구를 만나면 부쩍 노년에 관해 이야기를 많이 한다. 늙으면 나는 어떻게 살고 있을까. 어디서 누구와 살아야 할까. '혼자 사니 외롭겠다'는 시선도 편견이지만 '혼자 사니 책임질 것 없어 좋겠다'는 시선 역시 불편하다. 1인 가구나 비혼이라도 친밀감을 나누며 살 수 있는, 사회 최소 단위로서 '가족'은 필요하다. 하지만 그 가족의 형태가, 누군가와 함께 사는 길이, 왜 꼭 결혼이어야만 하는가. 의문이다. 결혼만 법적 보호와 제도적 혜택을 받는 것은 정당한가. 혈연이나 혼인으로 맺어진 전통적인 가족 관계만 가족이어야 하나. 현실을 반영하지 못하는 제도의 불합리성 때문에 다양한 사람끼리 새로운 가족을 꾸리며 같이 사는 길을 포기해야만 할까.

비혼이라고 해서 꼭 혼자 살아야 한다는 법도 없다. 혼자 살 수도 있고 둘이 살 수도 있으며 셋, 넷이 함께 살 수도 있다. 커플로 살 수도 있고, 마음 맞는 친구들끼리 모여 살 수도 있다. 혈연 가족이 아닌 남남이 한 지붕 세 가족이 될 수도 있다. 대상에 따라, 상황과 여건, 취향에 따라 각자가 선택하면 될 일이다.

나는 어떤 형태로든 고립된 혼자가 아니라 따로 또 같이 사는 삶, 혼자 살면서도 함께하는 삶을 살고 싶다. 연인, 친구, 동료끼리 한 집에서 살 수도 있고, 각자의 집에서 살되 서로 가까이 살아 일상과 돌봄을 나누는 관계로 살 수도 있을 것이다. 아플 때나 어려운 일이 있을 때 도와주며 책임져 줄 수 있는 법적인 생활동반자 관계를 맺되, 그 외의 것은 철저히 각자의 사생활로 남겨 두는 느슨한 관계로 살고도 싶다. 스웨덴처럼 세대가 다른 이들이 한 건물에 모여 사는 공동 주택이 있다면 그런 곳에서 노년을 보내는 것도 좋겠다.

같이 살아도 보고 혼자 살아도 봐야 자신에게 어떤 삶의 형태가 어울리는지, 자신에게 무엇이 더 맞는지 알 수 있는 법이다. 지금은 1인 가구로 살고 있지만 앞으로 내가 어떤 삶을 선택할지 누가 알겠는가. 한 가지 확실한 것은 어떤 삶을 선택하더라도 과거의 길을 답습하지는 않으리라는 사실이다. 조부모도 하고 부모도 하고 남들이 이미 다 해 본 걸 내가 또 반복할 필요는 없지 않겠는가.

작년 여름 나를 포함한 비혼 여성 넷이 아이슬란드로 캠핑 여행을 떠났다. 나이도, 사는 곳도, 직업도, 개성도, 취향도 제각각인 사십대 초반부터 오십대까지의 중년 여성들이 함께한 길 위의 여행. 넷 중 셋은 서로 잘 모르는 사이였다. 공항에서 혹은 아이슬란드 레이캬비크 첫 숙소에서 첫인사를 나눈 사람도 있었다. 나 역시 캠핑을 제안한 친구를 빼고는 전부 모르는 사람이었다. 캠핑광인 친구는 여행이 끝난 후에 여행을 시작했을 때만 해도 체력, 성격, 배경 등 무엇 하나 비슷한 것 없는 여성 넷이 잘 지낼 수 있을까 하고 걱정 아닌 걱정을 많이 했다고 털어놓았다. 보름 동안 낯선 타국의 길 위에서 먹고 자야 하는 데다, 더욱이 거의 종일 차로 이동해야 하니 마찰이 생길까 봐 내심 걱정했던 모양이다.

분명 각자 다른 사람인 건 맞다. 텐트 치고 노숙하는 캠핑을 몹시 사랑하는 사람이 있는가 하면, 트레킹은 그다지 좋아하지 않는 사람도 있었다. 누구는 아예 운전을 못했고, 누구는 영어에 서툴렀으며, 누구는 담배를 피우고, 누구는 술을 못 마셨다. 그런데 희한한 일이었다.

운전에 자신 있던 한 명이 운전대를 잡으면, 누구는 알아서 텐트를 치고, 누구는 물을 떠 왔고, 누구는 요리를 했다. 누가 뭐랄 것도 없이 자연스럽게 서로의 차이를 존중하고 성향을 배려하면서 각자 할 일을 했다. 그래서 우려했던 갈등이나 심각한 충돌은 없었다. 거기엔 중년이라는 나이도 한몫했으리라. 감정적으로 치닫는 젊음의 미숙함을 통과한 나이여서 웬만한 일은 빨리 털고 적당한 선에서 넘겨 버릴 수 있었다. 어쩌면 싸울 체력이 안돼 그랬을 수도 있다. 하지만 무엇보다 모두가 비혼으로, 홀로 서기에 능숙한 사람들이었기 때문일 것이다.

핏줄을 나눈 가족이 남보다 못한 경우도 많고, 가족이라도 평생 동안 한 집에 다 같이 모여 살지도 않는다. 핏줄이 같아도 밥 한 끼 같이 먹지 않는 가족보다야 밥을 함께 먹는 사람이 내게는 더 가족 같다. 그런 의미에서 나는 가족이라는 말보다 '식구'라는 말을 더 좋아한다. 핏줄로 이어지지 않았어도 밥을 같이 먹고, 대화를 나누고, 서로 돌보는 친구와 이웃, 사람이 내게는 식구이자 미래의 가족이다. 나는 짧은 여행길에서 비혼 여성들이 따로 또 같이 사는 삶을 내다보았다. 여행길에서 그들은 모두 내 '식구'였다.

그렇다. 짝짓기에는 결혼만 있는 게 아니다. 결혼이 아닌 다양한 방식으로 관계를 맺고 삶을 꾸려 가는 사람들이 우리 주변에 이미 존재한다. 원래 길이 없던 곳도 사람이 걷기 시작하면 길이 난다. 한 명이 걸을 때는 모르지만 두 명이 그리고 여럿이 계속 걸으면 언젠가 길이 된다. 결혼 밖에서 살아가는 사람들이 바로 그 길을 새로 만들고 있다.

## 정상가족은 이미 낡은 모델

옛날에는 '홀아비, 과부, 고아, 자식 없는 사람'을 콕 집어 외롭고 의지할 데 없는 사람, 즉 동정해야 할 불쌍한 부류라는 뜻에서 '환과고독'이라 불렀다. 그렇다면 비혼에 자식 없는 나 역시 여기에 해당된다. 하지만 자식이 없다는 것이 생각보다 그리 나쁘진 않다. 아이러니하게도 요즘 시대에는 무자식이 상팔자라는 말이 실감 난다. 개인의 일생을 일가족이 죽을 때까지 전적으로 책임지던 과거의 대가족 운명 공동체는 이미 오래전에 현실에서 사라졌다. 현대 사회에서는 혈연 가족이라도 남남이 되거나 오히려 남보다 못한 관계가 되는 경우가 흔하다. 가정폭력뿐 아니라 아동과 노인 학대가 연일 뉴스에 오르내린다. 대표적인 인권 사각지대가 가정인 경우가 더 많다. '정상가족'은 이미 낡은 모델이다. 더는 변화하는 현실을 따라잡지도 산적한 문제를 해결하지도 못한다. 정상가족 제도는 실패했다.

세상은 조금씩 변하고 있다. 이제 자신을 어떻게 명명하든지 간에, 함께 사는 이가 있든 없든 간에, 누구나 홀로 살아갈 힘을 길러야 하는 시대가 되었다. 앞으로 한국에서 혼자가 될 가능성은 특수한 것이 아니라 보편적이고 일반적인 현상이 된다. 백세 시대가 코앞으로 다가온 초고령 한국 사회에서 앞으로는 결혼을 했든 안 했든 자식이 있든 없든 일생에 한 번은 누구나 비혼의 삶을 살게 될 것이다.

그런데 여전히 많은 사람이 혼자 사는 것에 대해 막연한 불안과 두려움을 느낀다. 미디어에서는 화려한 골드 미스만 보여 주는데 그마저도 결국 결혼으로 골인하는 서사의 재탕이다. 비혼의 끝은 비참한 고독사라며 여성들에게 공포심만 주는 한국 사회에서 미래에 대한 불안감을 완전히 없애기란 쉽지 않을 것이다. 하지만 그럴수록 상상력과 모험심을 발휘해야 한다. 홀로 산다는 것은 타인과 교류를 끊고 고립 속에서 반사회적으로 소외되어 산다는 것을 의미하지 않는다. '은둔형 외톨이'나 '자연인'을 떠올려서도 안 된다. 실상 외롭고 의지할 데 없는 사람은 가족이 있거나 없거나 항상 존재한다. 남편이나 아내, 자식이 없다고 해서 그 자체로 불행해지는 것은 아니다. 결혼 여부 또는 가족 유무와 행복은 반드시 비례하지 않는다. 행복의 척도는 개인적인 것이기 때문이다. 개인주의가 자리 잡힌 요즘에는 나처럼 가족 없이 혼자 사는 것을 더 행복해하는 비혼 1인 가구도 많다.

물론 비혼 여성 노동자로 살아가는 나의 미래가 비단길은 아닐 것이다. 어쩌면 비혼 여성의 미래는 빈곤으로 향해 가는 가시밭길일지도 모른다. 하지만 그렇다고 한들 이제 여성들이 모두 결혼으로 골인하는 그런 세상은 다시 오지 않을 것이다. 여성들은 저임금 노동에 시달리며 독박 육아와 가사노동이라는 삼중고를 더는 짊어지지 않을 것이다. 가사노동과 돌봄노동의 분배가 이루어지지 않는 불평등한 사회에서는 결혼도 출산도 하지 않을 것이다. 여성들은 어머니가 걸었던 그 길로 과거로 되돌아가지 않을 것이다.

항상 그랬듯이 세월은 생각보다 빨리 흐르고 미래 역시 예상보다 금방 찾아온다. 홀로 살아갈 힘을 기른다면 우리 앞에 닥쳐올 중년과 노년의 삶이, 그 미래가 꼭 두려운 것만은 아닐 것이다. 이제 미혼 아니면 기혼이라는 이분법을 거부하고, 결혼을 인생의 목표나 종착지로 두지 않는 비혼 여성이 전면에 나설 때가 왔다. 출산과 육아 그리고 가사와 시댁 봉양으로 점철된 이성애자 결혼 제도라는 닫힌 길에서 벗어나 사랑하는 사람과 인간 대 인간으로 다채롭게 살 길을 넓혀볼 시간이다. 거대한 변화는 가장 작은 내 일상에서부터 시작된다. 도도한 시대의 흐름을 거스를 수는 있어도 막을 수는 없다. 물결을 헤치고 나아가는 길뿐이다.

## ● 에필로그

# 변화 말고 다른 길은 없다

### 1

나는 여자와 남자가 타고날 때부터 생판 다른 존재라거나 아주 다른 생각을 한다거나 서로 이해 불가능한 존재라고 생각하지 않는다. 실상 여자와 남자의 생물학적 차이는 개인 간의 차이보다 작다. 생식기와 육체적 힘의 차이가 '여자다움'과 '남자다움'을 만들고 결정짓는다고 여기는 것은 어리석다. 우리가 남성적/여성적 사고를 구별 짓는 것은 그저 하나의 미신이자 그렇게 믿고 싶은 관념일 뿐이다. 남자는 '화성'에서 오고 여자는 '금성'에서 따로 온 것이 아니다. 우리는 모두 지구라는 푸른 별에서 같이 태어난 존재다.

가부장제 사회는 자신감만 넘치는 멍청한 남자가, 성공하기를 두려워하는 똑똑한 여자들을 지배한다. 하지만 이 세상에서 최고의 남자는 사실 여자다. 나는 똑똑하고 용감한 여성들이 홀로 서기를 두려워 하지 않으면 좋겠다. 도전하고 성공하기를 주저하지 않기를 바란다. 또한 그런 여성들에게 '여자답지 않다' 또는 '남자들이 싫어한다'고 늘 어놓는 소리에 박장대소하기를 바란다. 한마디로 개수작이다. 이런 말을 하는 남자의 속을 들여다보면 보잘것없다. '남자'라는 우월감 말고는 아무것도 없다. 독립적이고 진취적인 여자, 똑똑하고 성공한 여자를 싫어하는 남자일수록 더 그렇다. 그러니 그런 남성들이 여성을 싫어하든 말든 상관하지 말자. 과감히 무시하자.

세상의 절반인 여성들의 목소리를 듣지 않으려는 남성들 그리고 이들의 일방적인 남성 중심적인 사고는 이 사회를 더 살기 힘들게 만든다. 그 결과는 현재 우리가 맞닥뜨린 부조리하고 불평등한 세상이다. 남자는 밥을 먹고 난 후 누워서 TV를 보고, 여자는 부엌에 남아 부산하게 설거지를 하는 세상, 낡아 빠진 봉건적인 관습이 남아 있는 세상, 성별에 따른 역할과 고정관념이 지배하는 세상 말이다. 이처럼 부조리한 가부장제 사회의 성차별에 저항하는 여성은 여자 주제에 까불지 말라며 경고와 제재를 받았다. 성별 고정관념에 반기를 드는 남성이 있다면 남자답지 못하다며 조롱과 모욕을 받았다.

그러나 새 술은 새 부대에 넣는 법이다. 생각 있고 현명한 사람이라면, 멍청한 남자들이 세상을 지배하도록 더는 내버려 두어서는 안 된다. 이런 멍청이들이 세상을 지배하면 세상은 점점 더 나빠진다. 그러면 정작 똑똑한 여성과 함께할 수 있는 괜찮은 남성들마저 설 자리가 없어진다.

전 세계 어느 나라 어느 사회를 봐도 여성들은 가족의 끼니를 챙기고 살림을 책임지며, 생명을 키우고 돌보고 살리는 '노동'을 하고 있다. 그럼에도 여성은 정치, 경제적으로 영향력을 행사하지 못하고 있다. 그러나 앞으로 인류의 생존과 미래를 위해서는 이 사회에서 여성들이 더 큰 영향력을 펼칠 수 있어야 한다. 21세기에 걸맞은 새로운 질서가 생기려면 남성이 한 걸음 물러나서 여성에게 기꺼이 옆을 내주어야 한다. 여성을 인간으로 정중히 대할 줄 아는 지혜로운 남성들이 여성들과 함께할 수 있는가에 우리의 미래가 달려 있다.

## 2

새로운 질서가 생겨날 때는 누구나 불안에 휩싸일 수밖에 없다. 위기는 말 그대로 위험이지만 다르게 생각하면 변화다. 위기는 또 다른 변화를 낳는다. 위기를 변화로 여기느냐 위기로만 보느냐 즉, 주어진 상황을 어떻게 바라보는가에 따라서 해석이, 미래가 달라진다. 예를 들어 '비혼주의'와 '1인 가구'를 상징하는 '개인화'는 한국 사회의 필연적 흐름이다. 그런데도 기존의 혈연 가족 공동체에 짙은 향수를 느끼고 과거와 같은 삶의 방식을 고수한다면 그에게 미래는 불안과 공포로 다가올 뿐이다. 달라진 세상을 받아들이지 못하는 사람, 앞으로 그렇게 될 것을 상상하지 않는 사람은 위기가 곧 변화라는 것을 이해하지 못할 것이다.

2020년 현재 나는 세계에서 가장 빠르게 초고령 사회에 진입했고 또 가장 빠르게 1인 가구가 사회의 주류가 될 대한민국에서 살고 있다. 내가 사는 세상은 결혼하지 않을 자유, 아이를 낳지 않을 자유, 이혼할 자유, 동거할 자유, 혼자 살거나 함께 살 자유, 가족을 꾸리거나 꾸리지 않을 자유 등 개인이 제각각 다른 선택을 내릴 수 있는 시대로 전환하고 있는 중이다. 앞으로 우리가 삶을 꾸려 가는 방식은 저마다 다를 것이다. 모두 예외 없이 하나의 선택지로 살았던 과거와 달리 개인마다 다양한 생애 주기를 통과하게 될 것이다. 이것은 하지만 저것은 하지 않을 수 있고 또는 이것과 저것을 다 할 수도 있다. 평생 독신으로 사는 사람도, 몇 차례 결혼과 이혼을 반복하는 사람도, 결혼 대신 동거로 일생을 보내는 사람도, 동거와 비혼 그리고 결혼 사이를 교차하는 사람도, 혈연 가족이 아닌 서로 다른 개인끼리 가족을 꾸리는 일도 더는 낯선 풍경이 아닐 것이다. 결혼 안에서도 다양한 선택이 존재하고, 비혼 안에서도 다양한 형태의 삶이 존재하는 것이 지극히 자연스러운 세상이 될 것이다.

기존의 공동체가 해체된다고 해서 공동체 자체가 깡그리 사라지는 것은 아니다. 사회적 존재인 인간의 특성상 가족, 이웃, 직장, 지역, 집단 같은 기존의 공동체는 쉽게 허물어지지 않는다. 다만 혈연으로 이어진 전통적 의미의 공동체가 아니라 개인이 선택한 친밀성의 공간으로 공동체의 의미가 전환 또는 확장될 것이다. 기존의 혈연 공동체를 상실한 대신 우리는 개인의 의지로 자유롭게 선택할 수 있는 자유를 얻었다.

하지만 자유에는 반드시 책임이 따른다. 다만 그 자유가 실질적인 자유의지가 되려면 누구나 자신의 선택과 판단에 항상 책임을 져야 한다. 남에게 민폐를 끼치지 않는 선에서 자유를 누리는 '개인주의'와 남에게 책임을 전가하는 자기중심적인 '이기주의'는 엄연히 다르기 때문이다. 물론 매 순간 스스로 선택을 내려야 하고 그 선택에 책임을 지는 삶을 산다는 것은 쉬운 일이 아니다. 어렵고 귀찮고 불안하고 때로는 피곤하고 고통스러운 일이다. 하지만 과거 성별을 갈라 남녀를 하나의 책임에 욱여넣었던 시대, 누구나 예외 없이 하나의 똑같은 삶을 살아야 했던 시대, 원치 않는 삶을 강요받았던 시대, 제3의 어떤 선택지도 없었던 시대에 비한다면 오히려 상대적으로 작은 책임이 아닐까.

이 책을 쓰는 동안 코로나19 바이러스가 한국을 비롯해 전 세계를 강타했다. 코로나는 인간에게는 크나큰 재앙이자 역병이지만 지구에는 꿀맛 같은 안식년을 주는 듯하다. 코로나가 바꾼 풍경은 가히 혁명에 가깝다. 코로나로 전 지구적 생산이 중단되고, 인간의 경제활동과 교통이 멈추면서 지구의 하늘이 맑아졌다고 한다. 생태계가 놀랄 만큼 빠른 속도로 복구되고 있다는 뉴스도 접한다. 미세먼지가 사라지고 오염 물질이 사라진 깨끗한 공기를 만끽하며 나는 또다시 질문한다. 경제성장이 아니면 우리에게 다른 길은 없는 것일까? 끊임없이 생산을 통해 고용을 창출하고, 과도한 소비를 통해 다시 생산 동력을 얻는 성장 신화는 여전히 유효한가? 툭하면 수많은 노동자를 길거리로 내모는 각자도생 신자유주의를 과연 우리의 미래로 둬도 되는 것일까? 인류의 존속에 절대적인 생태계가 무너지고 있는 마당에 끝없이 돈과 소비와 경제 발전만을 이야기하는 것이 진정 타당할까?

코로나로 인해 많은 이가 현재 우리 삶의 방식을 돌아보기 시작했다. 지구의 생태계가 도저히 감당할 수 없는 환경 파괴를, 인간이 자초한 그 결과를 모두 직시하게 된 것이다. 이제 인류는 다른 삶의 방식을 고민해야 한다. 이를테면 무한 경쟁과 각자도생 대신 공공복지를 실현하는 사회와 공동체로, 소비 만능과 성장제일주의 대신 저성장과 생태주의의 길로, 물리적으로 거리를 두어야 할지는 모르나 사회적 연대의 거리는 더 가까워져야 하는 따로 또 같이 더불어 사는 길로 말이다. 서로 다른 물감을 한데 뒤섞어 한 가지 색으로 만드는 것이 아니라 조각보처럼 다양한 색이 각자 고유의 색을 유지하면서 살수 있는 길 그리고 자립한 '홀로'들의 연대가 가능한 사회를 상상해보는 것이다. 그리고 그 길의 맨 앞줄에서 여성들이 함께하리라.

3

앞서 낸 두 권에 비해 이번 책을 쓰는 데는 상당한 시간이 걸렸다. 지난겨울부터 봄까지 글쓰기에 매달리면서 쓰겠다고 괜한 욕심을 낸 것은 아닌지 끝을 내지 못할지도 모른다는 두려움에 종종 휩싸이기도 했다. 아무래도 책의 주제와 방향이 나의 삶과 너무 밀접하게 맞닿아 있어 책과 삶 사이에서 중심을 잡기 어려웠기 때문인 듯하다. 때때로 길을 잃고 헤매다 머리를 박고 주저앉거나 뒷걸음질치고 도망치기를 반복했다. 회의와 게으름 등 이런저런 핑계를 대며 글쓰기를 중단하기 일쑤였다.

그때마다 귀신같은 감으로 흔들리는 나를 잡아 준 여미숙 주간에게 깊은 감사를 드린다. 이 사회에는 나와 고민과 생각이 같은 사람이 어디에나 있다는 것을 그를 통해 처음으로 느꼈다. 그는 이 책의 단초가 된 내 이야기에 가장 먼저 귀를 기울여 준 사람이자 내가 글을 쓸 수 있게 독려해 주고 마침표를 찍을 때까지 믿음직하게 곁에서 지지해 준 동반자다. 비혼 여성 노동자로서 공감대가 형성되었다는 점은 두말할 나위가 없다. 언젠가 만난 자리에서 결혼 제도 밖에서 중년 여성 노동자로 사는 삶의 고단함에 대해 주저리주저리 이야기를 늘어놓았을 때 차라리 그걸 글로 써 보는 게 어떠냐고 그가 말해 주지 않았다면 정말이지 이 이야기는 들어 주는 이도, 반기는 이도 한 명 없는 공허한 메아리가 될 뻔했다. 그는 내 안에 영화 말고도 또 다른 이야기가 있음을 발견하게 해 주고 나를 작가의 길로 이끌어 주었다. 그가 없었다면 아마도 나는 내 자신이 어떤 식으로든 이야기를 해야 하는 사람임을 끝내 몰랐을지 모른다. 그리고 두서없이 옆길로만 새던 책 이야기에 공감하며 그때마다 시의적절한 책을 선사해 준 박강민에게도 고마움을 전한다. 두 사람은 내 이야기를 지나가는 수다처럼 허투루 듣지 않고 기억해 줌으로써 책으로 세상의 빛을 보게 해 주었다. 누군가가 자신의 이야기를 들어 주고 기억해 주는 것만큼 행복한 일은 없다. 한편 책상 앞에 오래 앉아 있는 작가에겐 의자가 중요하다며 내게 꼭 필요한 맞춤 의자와 키보드를 선사해 준 사촌 김보현에게 이 지면을 빌려 고마움을 전한다. 또한 책을 쓰는 동안 내게 격려와 지지를 아끼지 않은 친구들에게도 고마운 마음을 보낸다. 특히 묵묵히 예술인의 길을 걸어가는 동료이면서 자신의 에너지를 기꺼이 나눠 준 작가 박윤에게 많이 고맙다.

이 책을 쓰는 데는 그 누구보다 여성들의 힘이 컸다. 어머니와 딸로 이어지는 누대의 기억이 우리의 이야기에서 또 다른 이야기로 이어지는 귀한 경험이었다. 세대를 넘어 비혼 여성 노동자로 살아가는 삶에 대해 가감 없이 들려준 친구들, 새벽까지 술잔을 기울이며 서로를 위로하던 벗들, 세상 곳곳에서 지금도 사랑하고 배우며 투쟁 중인 여성들 그들 모두가 고맙고 또 고맙다. 내 곁을 스치고 지나가며 함께했던 그 모든 여성을 기억하지 않을 수 없다. 그들 한 명 한 명 모두가 바로 이 책이 나아갈 길을 인도한 반딧불이자 내게는 가지 않은 길을 함께 갈 동지들이다.

성별, 젠더를 넘어 내가 만났던 다양한 연령대의 여성들과 남성들 그들 모두야말로 내게 영감을 불러일으키는 이야기의 원천이었다. 그들은 모두 이 책 속 어딘가에 있다. 그가 곧 나고 내가 곧 그다. 끝으로 이 책을 쓸 수 있도록 지원해 준 한국여성재단에 감사한 마음을 전한다. '변화를 만드는 여성 리더 지원 사업'은 생계의 압박에서 벗어나 오롯이 집필에 집중할 수 있게 해 주었다. 이 모든 것이 내가 진실로 경험한 여성의 힘, 사람의 힘, 바로 연대의 힘이다.

세상에는 이런 사람들이 있다. 불안해하고 좌절하며 조바심 내고 슬퍼하며 어리석지만 감동하는 여성들이, 다들 파김치가 되어 가는 세상에서 파와 김치를 이웃과 벗에게, 남에게 나누어 주는 여성들이, 한 끼 밥을 같이 먹자며 상대의 안녕과 삶을 살피는 여성들이, 이런 인간적인 너무나 인간적인 여성들이 있다. 우리의 노년은 외롭지도 팍팍하지도 않으리라는 희망을 보여 준 여성들, 내게 영감과 온기, 사랑을 베풀어 준 세상의 모든 여성에게 이 책을 바친다. 좋은 글은 독자들을 덜 외롭게 만드는 글이라고 어느 작가가 말했다. 이 책이 그러길 빈다. 또한 부디, 이 책이 이로운 나무 한 그루를 쓸데없이 베어 없앤 결과물이 되지 않기를 바란다.

## 비혼 1세대의 탄생

초판 1쇄 발행  2020년 7월 3일

지은이              홍재희

펴낸곳              (주)행성비
펴낸이              임태주

책임편집            여미숙
디자인              이유나

출판등록번호        제313-2010-208호
주소                경기도 파주시 문발로 119 모퉁이돌 303호
대표전화            031-8071-5913
팩스                031-8071-5917
이메일              hangseongb@naver.com
홈페이지            www.planetb.co.kr

ISBN 979-11-6471-107-9 03300

※ 값은 뒤표지에 있습니다. 잘못 만들어진 책은 구입하신 서점에서 교환해 드립니다.
※ 이 도서의 국립중앙도서관 출판예정도서목록(CIP)은 서지정보유통지원시스템 홈페이지
  (http://seoji.nl.go.kr)와 국가자료공동목록시스템(http://www.nl.go.kr/kolisnet)에서 이용하실
  수 있습니다.(CIP제어번호: CIP2020024573)

행성B는 독자 여러분의 참신한 기획 아이디어와 독창적인 원고를 기다리고 있습니다.
hangseongb@naver.com으로 보내 주시면 소중하게 검토하겠습니다.

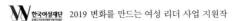 한국여성재단  2019 변화를 만드는 여성 리더 사업 지원작